线性代数习题集

主 编 谭宁波

重庆大学出版社

内容提要

本习题集的编写以“工科类本科教学基础课程教学基本要求”为指导，主要内容包括矩阵及初等变换、行列式、n维向量空间、特征值与特征向量、二次型等，每章附有单元复习题。书后还配有两套半期自测题和四套期末自测题。

本习题集是高等院校工科类、经管类本科生学习线性代数的作业用书，也可作为教师教学的参考用书。

图书在版编目(CIP)数据

线性代数习题集 / 谭宁波主编. -- 重庆：重庆大学出版社，2020.8（2025.1 重印）
ISBN 978-7-5689-2168-8

Ⅰ.①线… Ⅱ.①谭… Ⅲ.①线性代数—高等学校—习题集 Ⅳ.①O151.2-44

中国版本图书馆 CIP 数据核字(2020)第 126064 号

线性代数习题集

主 编 谭宁波
策划编辑：杨粮菊
责任编辑：范 琪 姜 凤 版式设计：杨粮菊
责任校对：王 倩 责任印制：张 策

*

重庆大学出版社出版发行
出版人：陈晓阳
社址：重庆市沙坪坝区大学城西路 21 号
邮编：401331
电话：(023) 88617190 88617185(中小学)
传真：(023) 88617186 88617166
网址：http://www.cqup.com.cn
邮箱：fxk@cqup.com.cn (营销中心)
全国新华书店经销
重庆正光印务股份有限公司印刷

*

开本：787mm×1092mm 1/16 印张：7 字数：155千
2020 年 8 月第 1 版 2025 年 1 月第 8 次印刷
印数：19 501—22 500
ISBN 978-7-5689-2168-8 定价：18.00 元

前言

本习题集的编写以“工科类本科数学基础课程教学基本要求”为指导，可作为高等院校工科类、经管类本科学生学习线性代数的作业用书，也可作为教师教学的参考用书。

本习题集内容包括矩阵及初等变换、行列式、n维向量空间、特征值与特征向量、二次型；题型有选择题、填空题、计算题、证明题、应用题等；每章附有单元复习题，书后还配套了两套半期自测题和四套期末自测题。本习题集所覆盖的知识点较全面，旨在检验学生对基本概念、基本理论和基本方法的理解和掌握，以便于打好基础、把握重点，巩固学习效果。部分题目涉及知识的综合应用，难度较大，所用关联知识较多，读者需要通过认真思考、独立完成，方能进一步巩固所学知识，进而提高分析问题和解决问题的能力。

本习题集由成都工业学院工程数学教研室教师编写，由谭宁波担任主编，并负责统稿和定稿，参加本习题集编写的主要人员有陈晓敏、成亚丽、洪洁、李楠、李艳、秦飞龙、杨印、钟林霏。

由于编者水平有限，习题集中难免存在不足之处，敬请读者和同行批评、指正。

编　者

2020 年 4 月

目录

第 1 章 矩阵及初等变换

1.1 矩阵及运算

一、判断题

1. 若 $\boldsymbol{A}^2=\boldsymbol{O}$, 则 $\boldsymbol{A}=\boldsymbol{O}$. ( )

2. 若 $\boldsymbol{A}^2=\boldsymbol{A}$, 则 $\boldsymbol{A}=\boldsymbol{O}$ 或 $\boldsymbol{A}=\boldsymbol{I}$. ( )

3. 若 $\boldsymbol{AX}=\boldsymbol{AY}$, 且 $\boldsymbol{A}\neq\boldsymbol{O}$, 则 $\boldsymbol{X}=\boldsymbol{Y}$. ( )

4. 若 $\boldsymbol{AA}^{\mathrm{T}}=\boldsymbol{O}$, 则 $\boldsymbol{A}^{\mathrm{T}}=\boldsymbol{O}$. ( )

5. 若 $\boldsymbol{A},\boldsymbol{B}$ 均为 n 阶对称矩阵,则 $\boldsymbol{AB}$ 为对称矩阵. ( )

6. 若 $\boldsymbol{A},\boldsymbol{B}$ 均为 n 阶反对称矩阵,且 $\boldsymbol{AB}=\boldsymbol{BA}$, 则 $\boldsymbol{AB}$ 为对称矩阵. ( )

二、单选题

1. 对于任意的同型矩阵 $\boldsymbol{A},\boldsymbol{B}$, 下列错误的是( ).

A. $(\boldsymbol{A}^{\mathrm{T}})^{\mathrm{T}}=\boldsymbol{A}$　　B. $(\boldsymbol{AB})^{\mathrm{T}}=\boldsymbol{B}^{\mathrm{T}}\boldsymbol{A}^{\mathrm{T}}$

C. $\boldsymbol{AB}=\boldsymbol{BA}$　　D. $(\boldsymbol{A}+\boldsymbol{B})^{\mathrm{T}}=\boldsymbol{A}^{\mathrm{T}}+\boldsymbol{B}^{\mathrm{T}}$

2. 已知 $f(x)=2x^2-x+1$, $\boldsymbol{A}=\begin{pmatrix}2&1\\-1&3\end{pmatrix}$, 则 $f(\boldsymbol{A})=($).

A. $\begin{pmatrix}5&9\\-9&14\end{pmatrix}$　　B. $\begin{pmatrix}6&10\\-10&16\end{pmatrix}$

C. $\begin{pmatrix}4&9\\-9&13\end{pmatrix}$　　D. $\begin{pmatrix}3&5\\-5&8\end{pmatrix}$

3. 已知 $\boldsymbol{A}$ 为 4×5 矩阵,$\boldsymbol{B}$ 为 5×6 矩阵,则下列说法错误的是( ).

A. 若矩阵 $\boldsymbol{C}=\boldsymbol{AB}$, 则 $\boldsymbol{C}$ 为 4×6 矩阵

B. 若矩阵 $\boldsymbol{D}$ 使得 $\boldsymbol{ADB}$ 有意义,则 $\boldsymbol{D}$ 为 5×5 矩阵

C. 若矩阵使得 $\boldsymbol{ADB}^{\mathrm{T}}$ 有意义，则 $\boldsymbol{D}$ 为 4×6 矩阵

D. 若矩阵 $\boldsymbol{D}$ 使得 $\boldsymbol{A}^{\mathrm{T}}\boldsymbol{DB}$ 有意义，则 $\boldsymbol{D}$ 为 4×5 矩阵

4. 已知 $\boldsymbol{A}=\begin{pmatrix}2 & 0\\1 & -1\end{pmatrix}$，$\boldsymbol{B}=\begin{pmatrix}a & b\\3 & 2\end{pmatrix}$，满足 $\boldsymbol{AB}=\boldsymbol{BA}$，则 a,b 的值分别为(　　).

A. $a=5,b=7$　　B. $a=11,b=0$

C. $a=5,b=11$　　D. $a=12,b=10$

5. 若矩阵 $\boldsymbol{A},\boldsymbol{B}$ 满足 $\boldsymbol{AB}=\boldsymbol{BA}$，则下列正确的是(　　).

A. $(\boldsymbol{AB})^k\neq\boldsymbol{B}^k\boldsymbol{A}^k,(\boldsymbol{AB})^k\neq\boldsymbol{A}^k\boldsymbol{B}^k$　　B. $(\boldsymbol{A}+\boldsymbol{B})^2\neq\boldsymbol{A}^2+2\boldsymbol{AB}+\boldsymbol{B}^2$

C. $\boldsymbol{A}^2-\boldsymbol{B}^2\neq(\boldsymbol{A}-\boldsymbol{B})(\boldsymbol{A}+\boldsymbol{B})$　　D. $(\boldsymbol{AB})^{\mathrm{T}}=\boldsymbol{A}^{\mathrm{T}}\boldsymbol{B}^{\mathrm{T}}$

6. 某高校 3 个学院进行排球决赛(不取并列名次)，已知第一个学院是第二名或第三名；第二个学院是第一名或第三名；第三个学院的名次在第二个学院之前. 若用 3 行 3 列矩阵 $(a_{ij})_{3\times 3}$ 表示各个学院的名次情况，其中行标表示学院编号，列标表示名次. 且若第 i 个学院的名次为 j，可表示为 $a_{ij}=1$；若第 i 个学院的名次不为 j，可表示为 $a_{ij}=0$，则矩阵 $(a_{ij})_{3\times 3}=$(　　).

A. $\begin{pmatrix}0 & 1 & 0\\0 & 1 & 1\\1 & 0 & 0\end{pmatrix}$　　B. $\begin{pmatrix}0 & 0 & 1\\1 & 0 & 0\\0 & 1 & 0\end{pmatrix}$

C. $\begin{pmatrix}1 & 0 & 0\\0 & 0 & 1\\0 & 1 & 0\end{pmatrix}$　　D. $\begin{pmatrix}0 & 1 & 0\\0 & 0 & 1\\1 & 0 & 0\end{pmatrix}$

7. 设 $\boldsymbol{A}$, $\boldsymbol{B}$, $\boldsymbol{C}$ 均为 n 阶方阵，若 $\boldsymbol{AB}=\boldsymbol{BA}$, $\boldsymbol{AC}=\boldsymbol{CA}$，则 $\boldsymbol{ABC}$ 等于(　　).

A. $\boldsymbol{ACB}$　　B. $\boldsymbol{CBA}$

C. $\boldsymbol{BCA}$　　D. $\boldsymbol{CAB}$

8. 设 $\boldsymbol{A}$, $\boldsymbol{B}$, $\boldsymbol{C}$ 都是 n 阶方阵，下列说法正确的是(　　).

A. $\boldsymbol{AB}=\boldsymbol{AC}$，则 $\boldsymbol{B}=\boldsymbol{C}$　　B. $\boldsymbol{AB}=\boldsymbol{O}$，则 $\boldsymbol{A}=\boldsymbol{O}$ 或 $\boldsymbol{B}=\boldsymbol{O}$

C. $(\boldsymbol{AB})^{\mathrm{T}}=\boldsymbol{B}^{\mathrm{T}}\boldsymbol{A}^{\mathrm{T}}$　　D. $(\boldsymbol{A}+\boldsymbol{B})(\boldsymbol{A}-\boldsymbol{B})=\boldsymbol{A}^2-\boldsymbol{B}^2$

9. 设 $\boldsymbol{A}$ 为 $m\times n$ 矩阵，$\boldsymbol{I}$ 为 n 阶单位矩阵，则下列结论中错误的是(　　).

A. $\boldsymbol{AA}^{\mathrm{T}}$ 是对称矩阵　　B. $\boldsymbol{A}^{\mathrm{T}}\boldsymbol{A}$ 是对称矩阵

C. $\boldsymbol{I}+\boldsymbol{A}^{\mathrm{T}}\boldsymbol{A}$ 是对称矩阵　　D. $\boldsymbol{AA}^{\mathrm{T}}+\boldsymbol{A}^{\mathrm{T}}\boldsymbol{A}$ 是对称矩阵

10. 已知 $(1\quad 3\quad 2\quad -7)\begin{pmatrix}2 & 0 & 2 & 1\\3 & x & -7 & 0\\7 & 6 & 5 & -1\\8 & -1 & 2 & 3\end{pmatrix}^{\mathrm{T}}=(-1\quad -20\quad 42\quad y)$，则(　　).

A. $x=-3,y=-12$　　B. $x=3,y=-12$

C. $x=2,y=-3$　　D. $x=-13,y=-23$

三、计算题

1. 设矩阵 $\boldsymbol{A}=\begin{pmatrix}2&1&1\\3&1&0\\0&1&2\end{pmatrix}$，$\boldsymbol{B}=\begin{pmatrix}1&-1&2\\0&1&3\\1&2&1\end{pmatrix}$，若矩阵 $\boldsymbol{X}$ 满足 $2\boldsymbol{X}+\boldsymbol{A}^{\mathrm{T}}\boldsymbol{B}-3\boldsymbol{A}=\boldsymbol{B}^{\mathrm{T}}$，求矩阵 $\boldsymbol{X}$.

2. 已知 $\boldsymbol{D}=\begin{pmatrix}\lambda_1&0&0\\0&\lambda_2&0\\0&0&\lambda_3\end{pmatrix}$，$\boldsymbol{A}=\begin{pmatrix}a_{11}&a_{12}&a_{13}\\a_{21}&a_{22}&a_{23}\\a_{31}&a_{32}&a_{33}\end{pmatrix}$，求 $\boldsymbol{D}^{2019}$，$\boldsymbol{AD}$，$\boldsymbol{DA}$.

3. 计算：(1) $(2\quad 3\quad -1)\begin{pmatrix}1\\-1\\-2\end{pmatrix}$；(2) $\begin{pmatrix}1\\-1\\-2\end{pmatrix}(2\quad 3\quad -1)$；(3) $\begin{pmatrix}2&3&-1\\-2&-3&1\\-4&-6&2\end{pmatrix}^{2020}$.

4. 计算：(1) $(x_1\ x_2\ x_3)\begin{pmatrix}3 & 0 & 0\\ 0 & 6 & 0\\ 0 & 0 & 9\end{pmatrix}\begin{pmatrix}x_1\\ x_2\\ x_3\end{pmatrix}$；(2) $(x_1\ x_2\ x_3)\begin{pmatrix}1 & -1 & 3\\ -1 & 4 & 0\\ 3 & 0 & 8\end{pmatrix}\begin{pmatrix}x_1\\ x_2\\ x_3\end{pmatrix}$.

5. 已知线性变换

$$\begin{cases}y_1 = x_1 + 2x_2 + x_3\\ y_2 = 2x_1 + 2x_2 - x_3\\ y_3 = x_1 - 2x_2 + x_3\end{cases},\begin{cases}z_1 = y_1 + y_2 + y_3\\ z_2 = y_1 - y_2 - y_3\end{cases}.$$

利用矩阵乘法，求从变量 x_1, x_2, x_3 到变量 z_1, z_2 的线性变换.

6. 计算：(1) $\begin{pmatrix}1 & 1\\ 0 & 1\end{pmatrix}^n$；(2) $\begin{pmatrix}\cos\theta & -\sin\theta\\ \sin\theta & \cos\theta\end{pmatrix}^n$.

四、应用题

某公司为促进技术进步，对职工分批脱产轮训. 若现有不脱产职工 8 000 人，脱产在参加轮训的 2 000 人. 而计划每年从现有不脱产的那些人员中抽调 30% 的人参加轮训，而在轮训队伍中让 60% 的人结业回到工作岗位去. 若职工总数不变，问一年后不脱产职工各有多少？两年后又怎样？

1.2　高斯消元法与初等变换

一、单选题

1. 已知某非齐次线性方程组的增广矩阵的行最简形为 $\begin{pmatrix} 1 & 2 & 0 & 2 \\ 0 & 0 & 1 & 3 \\ 0 & 0 & 0 & 0 \end{pmatrix}$，则该线性方程组中基本未知量和自由未知量的个数分别为(　　).

A. 2,2　　B. 3,2

C. 2,3　　D. 2,1

2. 设 $\boldsymbol{A}$ 为三阶方阵，将 $\boldsymbol{A}$ 的第二行的 3 倍加到第一行得矩阵 $\boldsymbol{B}$，再交换 $\boldsymbol{B}$ 的第二行与第三行得单位矩阵 $\boldsymbol{I}$，则满足 $\boldsymbol{QA}=\boldsymbol{I}$ 的矩阵 $\boldsymbol{Q}=$(　　).

A. $\begin{pmatrix} 1 & 3 & 0 \\ 0 & 1 & 0 \\ 0 & 0 & 1 \end{pmatrix}$　　B. $\begin{pmatrix} 1 & 0 & 0 \\ 0 & 0 & 1 \\ 0 & 1 & 0 \end{pmatrix}$

C. $\begin{pmatrix} 1 & 3 & 0 \\ 0 & 0 & 1 \\ 0 & 1 & 0 \end{pmatrix}$　　D. $\begin{pmatrix} 1 & 0 & 0 \\ 0 & 0 & 1 \\ 3 & 1 & 0 \end{pmatrix}$

3. 已知 $\boldsymbol{P}_1=\begin{pmatrix} 1 & 0 & 0 \\ 1 & 1 & 0 \\ 0 & 0 & 1 \end{pmatrix}$，$\boldsymbol{P}_2=\begin{pmatrix} 1 & 0 & 0 \\ 0 & 0 & 1 \\ 0 & 1 & 0 \end{pmatrix}$，$\boldsymbol{P}_3=\begin{pmatrix} 1 & 0 & 0 \\ 0 & 2 & 0 \\ 0 & 0 & 1 \end{pmatrix}$，则下列错误的是(　　).

A. $\boldsymbol{P}_1^{100}=\begin{pmatrix}1&0&0\\100&1&0\\0&0&1\end{pmatrix}$　　B. $\boldsymbol{P}_2^{100}=\begin{pmatrix}1&0&0\\0&1&0\\0&0&1\end{pmatrix}$

C. $\boldsymbol{P}_2\boldsymbol{P}_3^{100}=\begin{pmatrix}1&0&0\\0&0&1\\0&2^{100}&0\end{pmatrix}$　　D. $\boldsymbol{P}_3\boldsymbol{P}_1^{100}=\begin{pmatrix}1&0&0\\100&2&0\\0&0&1\end{pmatrix}$

4. 设 $\boldsymbol{A}=\begin{pmatrix}1&-1&0\\0&1&1\\-1&0&-1\end{pmatrix}$, $\boldsymbol{b}=\begin{pmatrix}b_1\\b_2\\b_3\end{pmatrix}$, 则 $\boldsymbol{Ax}=\boldsymbol{b}$ 有解的充分必要条件是(　　).

A. $b_1=b_2=b_3=1$　　B. $b_1-b_2+b_3=1$

C. $b_1+b_2+b_3=0$　　D. $b_1+b_2-b_3=0$

5. 关于非齐次线性方程组 $\boldsymbol{Ax}=\boldsymbol{b}$ 和齐次线性方程组 $\boldsymbol{Ax}=\boldsymbol{0}$, 下列说法正确的是(　　).

A. 若 $\boldsymbol{Ax}=\boldsymbol{0}$ 仅有零解,则 $\boldsymbol{Ax}=\boldsymbol{b}$ 有唯一解

B. 若 $\boldsymbol{Ax}=\boldsymbol{0}$ 有非零解,则 $\boldsymbol{Ax}=\boldsymbol{b}$ 有无穷多解

C. 若 $\boldsymbol{Ax}=\boldsymbol{b}$ 有无穷多解,则 $\boldsymbol{Ax}=\boldsymbol{0}$ 仅有零解

D. 若 $\boldsymbol{Ax}=\boldsymbol{b}$ 有无穷多解,则 $\boldsymbol{Ax}=\boldsymbol{0}$ 有非零解

二、计算题

1. 将下列矩阵化为行阶梯形矩阵.

(1) $\begin{pmatrix}1&0&2&-1\\2&0&3&1\\3&0&4&3\end{pmatrix}$;

(2) $\begin{pmatrix}0&2&-3&1\\0&3&-4&3\\0&4&-7&-1\end{pmatrix}$;

(3) $\begin{pmatrix} 1 & -1 & 3 & -4 & 3 \\ 3 & -3 & 5 & -4 & 1 \\ 2 & -2 & 3 & -2 & 0 \\ 3 & -3 & 4 & -2 & -1 \end{pmatrix}$.

2. 求解下列方程组.

(1) $\begin{cases} x_1 + x_2 + x_3 = 1 \\ x_2 + 2x_3 = 1 \\ 5x_1 + 2x_2 + 5x_3 = 2 \end{cases}$;

(2) $\begin{cases} 2x_1 - x_2 + 3x_3 = 1 \\ 4x_1 + 2x_2 + 5x_3 = 4 \\ 2x_1 + 2x_3 = 6 \end{cases}$;

(3) $\begin{cases}2x_1 - x_2 + 3x_3 = 1 \\ 4x_1 - 2x_2 + 5x_3 = 4 \\ 2x_1 - x_2 + 4x_3 = -1\end{cases}$;

(4) $\begin{cases}x_1 - 2x_2 + 3x_3 - x_4 - 2x_5 = 2 \\ 4x_1 - 3x_2 + 8x_3 - 4x_4 - 3x_5 = 8 \\ 2x_1 + x_2 + 2x_3 - 2x_4 - 3x_5 = 8\end{cases}$.

3. 已知矩阵 $\boldsymbol{X}$ 满足条件 $\begin{pmatrix}2 & 1 \\ 3 & 2\end{pmatrix}\boldsymbol{X} = \boldsymbol{X}\begin{pmatrix}2 & 1 \\ 3 & 2\end{pmatrix}$，求矩阵 $\boldsymbol{X}$.

4. 下列方程中，a,b 取何值时，方程组有唯一解、无穷多解、无解. 在有解的情况下，求出所有的解.

(1) $\begin{cases}-2x_1 + x_2 + x_3 = -2 \\ x_1 - 2x_2 + x_3 = a \\ x_1 + x_2 - 2x_3 = a^2\end{cases}$;

(2) $\begin{cases} x_1 + x_2 - x_3 = 1 \\ 2x_1 + (a+2)x_2 - (b+2)x_3 = 3. \\ -3ax_2 + (a+2b)x_3 = -3 \end{cases}$

1.3　逆矩阵

一、判断题

1. 若 n 阶方阵 $\boldsymbol{A},\boldsymbol{B},\boldsymbol{C}$ 满足 $\boldsymbol{AB}=\boldsymbol{CA}=\boldsymbol{I}$，则 $\boldsymbol{B}=\boldsymbol{C}$.　(　　)

2. 若 $\boldsymbol{AB}=\boldsymbol{O}$ 且 $\boldsymbol{A}$ 可逆，则 $\boldsymbol{B}=\boldsymbol{O}$.　(　　)

3. 若对称矩阵 $\boldsymbol{A}$ 可逆，则 $\boldsymbol{A}^{-1}$ 也是对称矩阵.　(　　)

4. 若 $\boldsymbol{AB}$ 可逆，则 $\boldsymbol{A}$ 和 $\boldsymbol{B}$ 都可逆.　(　　)

5. 若 $\boldsymbol{A},\boldsymbol{B}$ 为 n 阶可逆矩阵，则

(1) $[(\boldsymbol{A}^{-1})^{-1}]^{\mathrm{T}}=[(\boldsymbol{A}^{\mathrm{T}})^{-1}]^{-1}$　(　　)

(2) $[(\boldsymbol{A}^{\mathrm{T}})^{\mathrm{T}}]^{-1}=[(\boldsymbol{A}^{-1})^{-1}]^{\mathrm{T}}$　(　　)

(3) $(\boldsymbol{A}^{k})^{-1}=(\boldsymbol{A}^{-1})^{k}$（其中 k 为正整数）　(　　)

(4) $(k\boldsymbol{A})^{-1}=\dfrac{1}{k}\boldsymbol{A}^{-1}$（其中 $k\neq 0$）　(　　)

(5) $(\boldsymbol{A}+\boldsymbol{B})^{-1}=\boldsymbol{A}^{-1}+\boldsymbol{B}^{-1}$　(　　)

(6) $[(\boldsymbol{AB})^{\mathrm{T}}]^{-1}=(\boldsymbol{A}^{-1})^{\mathrm{T}}(\boldsymbol{B}^{-1})^{\mathrm{T}}$　(　　)

6. 设 $\boldsymbol{A}$ 与 $\boldsymbol{B}$ 都是 n 阶方阵,$\boldsymbol{A}$ 为反对称矩阵,$\boldsymbol{B}$ 为对称矩阵,则 $\boldsymbol{AB}-\boldsymbol{BA}$ 为对称矩阵.

( )

二、单选题

1. 设 $\boldsymbol{A}$ 为三阶方阵,将 $\boldsymbol{A}$ 的第二列加到第一列得矩阵 $\boldsymbol{B}$,再交换 $\boldsymbol{B}$ 的第二行与第三行得单位矩阵 $\boldsymbol{I}$,记 $\boldsymbol{P}_1=\begin{pmatrix}1&0&0\\1&1&0\\0&0&1\end{pmatrix}$,$\boldsymbol{P}_2=\begin{pmatrix}1&0&0\\0&0&1\\0&1&0\end{pmatrix}$, 则 $\boldsymbol{A}=$( ).

A. $\boldsymbol{P}_1\boldsymbol{P}_2$　　B. $\boldsymbol{P}_2\boldsymbol{P}_1$

C. $\boldsymbol{P}_2\boldsymbol{P}_1^{-1}$　　D. $\boldsymbol{P}_2^{-1}\boldsymbol{P}_1^{\mathrm{T}}$

2. 若 n 阶方阵 $\boldsymbol{A},\boldsymbol{B},\boldsymbol{C}$ 满足 $\boldsymbol{ABC}=\boldsymbol{I}$, 则必有( ).

A. $\boldsymbol{ACB}=\boldsymbol{I}$　　B. $\boldsymbol{CBA}=\boldsymbol{I}$

C. $\boldsymbol{BCA}=\boldsymbol{I}$　　D. $\boldsymbol{BAC}=\boldsymbol{I}$

3. 已知 $\boldsymbol{A},\boldsymbol{B},\boldsymbol{C}$ 均为 n 阶方阵,若 $\boldsymbol{AC}=\boldsymbol{AB}=\boldsymbol{CB}=\boldsymbol{I}$, 则 $\boldsymbol{A}^2+\boldsymbol{B}^2+\boldsymbol{C}^2=$( ).

A. $3\boldsymbol{I}$　　B. $2\boldsymbol{I}$

C. $\boldsymbol{I}$　　D. $\boldsymbol{O}$

4. 已知 $\boldsymbol{A},\boldsymbol{B},\boldsymbol{C}$ 均为 n 阶方阵,$\boldsymbol{I}$ 为 n 阶单位矩阵,若 $\boldsymbol{B}=\boldsymbol{I}+\boldsymbol{AB}$,$\boldsymbol{C}=\boldsymbol{A}+\boldsymbol{CA}$, 则 $\boldsymbol{B}-\boldsymbol{C}=$( ).

A. $\boldsymbol{I}$　　B. $-\boldsymbol{I}$

C. $\boldsymbol{A}$　　D. $-\boldsymbol{A}$

5. 已知 $(z\quad y\quad 5)\begin{pmatrix}3&0&1\\6&1&3\\2&0&1\end{pmatrix}^{-1}=(x-2\quad 1\quad 3)$, 则( ).

A. $x=1,y=1,z=9$　　B. $x=33,y=1,z=5$

C. $x=1,y=10,z=9$　　D. $x=2,y=1,z=3$

6. 已知 $d_i\neq 0(i=1,2,\cdots,n)$, 则下列错误的是( ).

A. $\begin{pmatrix}d_1&&&\\&d_2&&\\&&\ddots&\\&&&d_n\end{pmatrix}^{-1}=\begin{pmatrix}\frac{1}{d_1}&&&\\&\frac{1}{d_2}&&\\&&\ddots&\\&&&\frac{1}{d_n}\end{pmatrix}$

B. $\begin{pmatrix} & & & d_1 \\ & & d_2 & \\ & \cdot^{\cdot^{\cdot}} & & \\ d_n & & & \end{pmatrix}^{-1} = \begin{pmatrix} & & & \frac{1}{d_1} \\ & & \frac{1}{d_2} & \\ & \cdot^{\cdot^{\cdot}} & & \\ \frac{1}{d_n} & & & \end{pmatrix}$

C. $\begin{pmatrix} d_1 & & & \\ & d_2 & & \\ & & \ddots & \\ & & & d_n \end{pmatrix}^{\mathrm{T}} = \begin{pmatrix} d_1 & & & \\ & d_2 & & \\ & & \ddots & \\ & & & d_n \end{pmatrix}$

D. $\begin{pmatrix} & & & d_1 \\ & & d_2 & \\ & \cdot^{\cdot^{\cdot}} & & \\ d_n & & & \end{pmatrix}^{\mathrm{T}} = \begin{pmatrix} & & & d_n \\ & & d_{n-1} & \\ & \cdot^{\cdot^{\cdot}} & & \\ d_1 & & & \end{pmatrix}$

三、计算题

1. 求下列矩阵的逆矩阵 A^{-1}.

(1) $\boldsymbol{A} = \begin{pmatrix} a & b \\ c & d \end{pmatrix}$，且 $ad - bc = 1$；

(2) $\boldsymbol{A} = \begin{pmatrix} 1 & -3 & 2 \\ -3 & 0 & 1 \\ 1 & 1 & -1 \end{pmatrix}$；

(3) $\boldsymbol{A} = \begin{pmatrix} 1 & 1 & -1 \\ 2 & 1 & 0 \\ 1 & -1 & 0 \end{pmatrix}$；

(4) $\boldsymbol{A} = \begin{pmatrix} 1 & 2 & 3 & 4 \\ 2 & 3 & 1 & 2 \\ 1 & 1 & 1 & -1 \\ 1 & 0 & -2 & -6 \end{pmatrix}$.

2. 求解矩阵方程 $\begin{pmatrix}1 & 2\\3 & 4\end{pmatrix}\boldsymbol{X}\begin{pmatrix}3 & 4\\-1 & 2\end{pmatrix}=\begin{pmatrix}2 & -1\\1 & 3\end{pmatrix}$.

3. 设矩阵 $\boldsymbol{A},\boldsymbol{B}$ 满足关系式 $\boldsymbol{AB}=\boldsymbol{A}+2\boldsymbol{B}$, 其中 $\boldsymbol{A}=\begin{pmatrix}4 & 2 & 3\\1 & 1 & 0\\-1 & 2 & 3\end{pmatrix}$, 求矩阵 $\boldsymbol{B}$.

4. 已知 $\boldsymbol{AP}=\boldsymbol{PB}$, 其中 $\boldsymbol{B}=\begin{pmatrix}1 & 0 & 0\\0 & 0 & 0\\0 & 0 & -1\end{pmatrix}$, $\boldsymbol{P}=\begin{pmatrix}1 & 0 & 0\\2 & -1 & 0\\2 & 1 & 1\end{pmatrix}$, 求 $\boldsymbol{A}$ 及 $\boldsymbol{A}^5$.

5. 设方阵 $\boldsymbol{A}$ 满足 $\boldsymbol{A}^2-\boldsymbol{A}-2\boldsymbol{I}=\boldsymbol{O}$，证明 $\boldsymbol{A}$ 和 $\boldsymbol{A}+2\boldsymbol{I}$ 都可逆，并求 $\boldsymbol{A}^{-1}$ 和 $(\boldsymbol{A}+2\boldsymbol{I})^{-1}$.

1.4　分块矩阵

一、判断题

1. 若 $\boldsymbol{AB}=\boldsymbol{O}$ 且 $\boldsymbol{B}\neq\boldsymbol{O}$，则齐次线性方程组 $\boldsymbol{Ax}=\boldsymbol{0}$ 有非零解.　　(　　)

2. 若 $\boldsymbol{A},\boldsymbol{B}$ 均为 n 阶可逆方阵，且 $\boldsymbol{C}=\begin{pmatrix}\boldsymbol{O}&\boldsymbol{A}\\\boldsymbol{B}&\boldsymbol{O}\end{pmatrix}$，则 $(\boldsymbol{C}^{\mathrm{T}})^{-1}=\begin{pmatrix}\boldsymbol{O}&(\boldsymbol{A}^{-1})^{\mathrm{T}}\\(\boldsymbol{B}^{-1})^{\mathrm{T}}&\boldsymbol{O}\end{pmatrix}$.　　(　　)

3. 若 $\boldsymbol{A}_i,\boldsymbol{B}_i(i=1,2,3)$ 均为 n 阶方阵，则

$$\begin{pmatrix}&&\boldsymbol{A}_1\\&\boldsymbol{A}_2&\\\boldsymbol{A}_3&&\end{pmatrix}\begin{pmatrix}&&\boldsymbol{B}_1\\&\boldsymbol{B}_2&\\\boldsymbol{B}_3&&\end{pmatrix}=\begin{pmatrix}&&\boldsymbol{A}_1\boldsymbol{B}_1\\&\boldsymbol{A}_2\boldsymbol{B}_2&\\\boldsymbol{A}_3\boldsymbol{B}_3&&\end{pmatrix}.$$　　(　　)

4. 若 $\boldsymbol{A},\boldsymbol{B},\boldsymbol{C}$ 均为 n 阶可逆方阵，则 $\begin{pmatrix}\boldsymbol{AB}&&\\&2\boldsymbol{B}&\\&&\boldsymbol{C}^{\mathrm{T}}\end{pmatrix}^{-1}=\begin{pmatrix}\boldsymbol{B}^{-1}\boldsymbol{A}^{-1}&&\\&\frac{1}{2}\boldsymbol{B}^{-1}&\\&&(\boldsymbol{C}^{-1})^{\mathrm{T}}\end{pmatrix}$.　　(　　)

5. 若 $\boldsymbol{A}_i(i=1,2,3)$ 均为 n 阶方阵，则 $\begin{pmatrix}&&\boldsymbol{A}_1\\&\boldsymbol{A}_2&\\\boldsymbol{A}_3&&\end{pmatrix}^{\mathrm{T}}=\begin{pmatrix}&&\boldsymbol{A}_3\\&\boldsymbol{A}_2&\\\boldsymbol{A}_1&&\end{pmatrix}$.　　(　　)

二、计算题

1. 利用分块矩阵计算 $\begin{pmatrix}1&2&1&0\\0&1&0&1\\0&0&2&1\\0&0&2&3\end{pmatrix}\begin{pmatrix}1&0&3&1\\0&1&2&-1\\0&0&-2&3\\0&0&0&-3\end{pmatrix}$.

2. 已知 $\boldsymbol{A}=\begin{pmatrix}3 & 4 & 0 & 0\\ 4 & -3 & 0 & 0\\ 0 & 0 & 2 & 0\\ 0 & 0 & 2 & 2\end{pmatrix}$，利用分块矩阵求 $\boldsymbol{A}^4$.

3. 利用分块矩阵求下列矩阵的逆矩阵.

(1) $\begin{pmatrix}0 & 2 & 0\\ 0 & 0 & 2\\ 3 & 0 & 0\end{pmatrix}$；

(2) $\begin{pmatrix}0 & 0 & 1 & 0 & 0\\ 0 & 2 & 0 & 0 & 0\\ 3 & 0 & 0 & 0 & 0\\ 0 & 0 & 0 & 4 & 0\\ 0 & 0 & 0 & 0 & 5\end{pmatrix}$；

(3*) $\begin{pmatrix} 1 & 0 & 3 & -4 \\ 0 & 1 & 5 & 6 \\ 0 & 0 & 0 & 2 \\ 0 & 0 & 3 & 0 \end{pmatrix}$;

(4*) $\begin{pmatrix} 2 & 3 & 0 & 0 & 0 \\ 2 & 1 & 0 & 0 & 0 \\ 0 & 0 & 1 & 2 & 3 \\ 0 & 0 & 2 & 2 & 1 \\ 0 & 0 & 3 & 4 & 3 \end{pmatrix}$.

单元复习题(一)

一、单选题

1. 设 $\boldsymbol{A},\boldsymbol{B},\boldsymbol{C}$ 都是 n 阶方阵,下列说法正确的是(　　).

A. $\boldsymbol{A}^2=\boldsymbol{O}$, 则 $\boldsymbol{A}=\boldsymbol{O}$　　B. $\boldsymbol{AB}=\boldsymbol{BA}$

C. $\boldsymbol{ABA}=\boldsymbol{ACA}$ 且 $\boldsymbol{A}$ 可逆,则 $\boldsymbol{B}=\boldsymbol{C}$　　D. $\boldsymbol{AB}=\boldsymbol{CA}$ 且 $\boldsymbol{A}$ 可逆,则 $\boldsymbol{B}=\boldsymbol{C}$

2. 设 $\boldsymbol{\alpha}_1=(1,0,2)^{\mathrm{T}},\boldsymbol{\alpha}_2=(0,1,-1)^{\mathrm{T}}$ 都是 $\boldsymbol{Ax}=\boldsymbol{0}$ 的解,则 $\boldsymbol{A}=$(　　).

A. $(-2,1,1)$　　B. $\begin{pmatrix}2&0&-1\\0&1&1\end{pmatrix}$

C. $\begin{pmatrix}-1&0&2\\0&1&-1\end{pmatrix}$　　D. $\begin{pmatrix}0&1&-1\\4&-2&-2\\0&1&1\end{pmatrix}$

3. 设 $\boldsymbol{A},\boldsymbol{B},\boldsymbol{C}$ 都是 n 阶方阵,下列说法正确的是(　　).

A. $\boldsymbol{AB}=\boldsymbol{AC}$, 则 $\boldsymbol{B}=\boldsymbol{C}$　　B. $\boldsymbol{AB}=\boldsymbol{O}$, 则 $\boldsymbol{A}=\boldsymbol{O}$ 或 $\boldsymbol{B}=\boldsymbol{O}$

C. $(\boldsymbol{AB})^{\mathrm{T}}=\boldsymbol{B}^{\mathrm{T}}\boldsymbol{A}^{\mathrm{T}}$　　D. $(\boldsymbol{A}+\boldsymbol{B})(\boldsymbol{A}-\boldsymbol{B})=\boldsymbol{A}^2-\boldsymbol{B}^2$

4. 用初等矩阵 $\begin{pmatrix}1&0&0\\0&0&1\\0&1&0\end{pmatrix}$ 左乘 $\boldsymbol{A}=\begin{pmatrix}2&1&1\\3&1&1\\2&4&6\end{pmatrix}$, 相当于对 $\boldsymbol{A}$ 进行(　　).

A. $r_1\leftrightarrow r_2$　　B. $r_2\leftrightarrow r_3$

C. $c_1\leftrightarrow c_2$　　D. $c_2\leftrightarrow c_3$

5. 设 $\boldsymbol{A},\boldsymbol{B},\boldsymbol{A}+\boldsymbol{B},\boldsymbol{A}^{-1}+\boldsymbol{B}^{-1}$ 均为 n 阶可逆方阵,则 $(\boldsymbol{A}^{-1}+\boldsymbol{B}^{-1})^{-1}$ 等于(　　).

A. $\boldsymbol{A}^{-1}+\boldsymbol{B}^{-1}$　　B. $\boldsymbol{A}+\boldsymbol{B}$

C. $\boldsymbol{A}(\boldsymbol{A}+\boldsymbol{B})^{-1}\boldsymbol{B}$　　D. $(\boldsymbol{A}+\boldsymbol{B})^{-1}$

6. 设 $\boldsymbol{A}$ 是 n 阶非零矩阵,$\boldsymbol{I}$ 是 n 阶单位矩阵,满足 $\boldsymbol{A}^3=\boldsymbol{O}$, 则(　　).

A. $\boldsymbol{I}-\boldsymbol{A}$ 不可逆, $\boldsymbol{I}+\boldsymbol{A}$ 不可逆　　B. $\boldsymbol{I}-\boldsymbol{A}$ 不可逆, $\boldsymbol{I}+\boldsymbol{A}$ 可逆

C. $\boldsymbol{I}-\boldsymbol{A}$ 可逆, $\boldsymbol{I}+\boldsymbol{A}$ 可逆　　D. $\boldsymbol{I}-\boldsymbol{A}$ 可逆, $\boldsymbol{I}+\boldsymbol{A}$ 不可逆

7. 设 n 阶方阵 $\boldsymbol{A},\boldsymbol{B},\boldsymbol{C}$ 满足关系式 $\boldsymbol{ABC}=\boldsymbol{I}$, 则(　　)成立.

A. $\boldsymbol{ACB}=\boldsymbol{I}$　　B. $\boldsymbol{CBA}=\boldsymbol{I}$

C. $\boldsymbol{BCA}=\boldsymbol{I}$　　D. $\boldsymbol{BAC}=\boldsymbol{I}$

8. 设 $\boldsymbol{A}$ 为 n 阶可逆矩阵,则下列(　　)恒成立.

A. $(2\boldsymbol{A})^{-1}=2\boldsymbol{A}^{-1}$　　B. $[(2\boldsymbol{A})^{-1}]^{\mathrm{T}}=2[\boldsymbol{A}^{\mathrm{T}}]^{-1}$

C. $[(\boldsymbol{A}^{-1})^{\mathrm{T}}]^{-1}=\boldsymbol{A}^{\mathrm{T}}$　　D. $[(\boldsymbol{A}^{\mathrm{T}})^{\mathrm{T}}]^{-1}=[(\boldsymbol{A}^{-1})^{-1}]^{\mathrm{T}}$

9. 设 $\boldsymbol{A},\boldsymbol{B},\boldsymbol{C},\boldsymbol{X}$ 都是 n 阶方阵, $\boldsymbol{A},\boldsymbol{B}$ 可逆,且 $\boldsymbol{AXB}=\boldsymbol{C}$, 则 $\boldsymbol{X}=$(　　).

A. $CA^{-1}B^{-1}$　　B. $B^{-1}A^{-1}C$

C. $CB^{-1}A^{-1}$　　D. $A^{-1}CB^{-1}$

二、填空题

1. 设 $\boldsymbol{\alpha}$ 为三维列向量，$\boldsymbol{\alpha}^{\mathrm{T}}$ 是 $\boldsymbol{\alpha}$ 的转置，若 $\boldsymbol{\alpha}\boldsymbol{\alpha}^{\mathrm{T}}=\begin{pmatrix}1 & -1 & 1\\ -1 & 1 & -1\\ 1 & -1 & 1\end{pmatrix}$，则 $\boldsymbol{\alpha}^{\mathrm{T}}\boldsymbol{\alpha}=$ ________.

2. 设 $\boldsymbol{A},\boldsymbol{B},\boldsymbol{C}$ 均为 n 阶方阵，且 $\boldsymbol{AB}=\boldsymbol{BC}=\boldsymbol{CA}=\boldsymbol{I}$，则 $\boldsymbol{A}^2+\boldsymbol{B}^2+\boldsymbol{C}^2=$ ________.

3. 设 $\boldsymbol{A}$ 为 n 阶方阵且满足 $\boldsymbol{A}^2-\boldsymbol{A}-\boldsymbol{I}=\boldsymbol{O}$，则 $\boldsymbol{A}^{-1}=$ ________.

4. 设 $\boldsymbol{A},\boldsymbol{B}$ 都是三阶方阵，若 $\boldsymbol{AB}=2\boldsymbol{A}+\boldsymbol{B}$，$\boldsymbol{B}=\begin{pmatrix}2 & 0 & 2\\ 0 & 4 & 0\\ 2 & 0 & 2\end{pmatrix}$，则 $(\boldsymbol{A}-\boldsymbol{I})^{-1}=$ ________.

5. 已知 n 维列向量 $\boldsymbol{\alpha}=(k,0,\cdots,0,k)^{\mathrm{T}}$ 其中 $k<0$，$\boldsymbol{I}$ 为 n 阶单位矩阵，$\boldsymbol{A}=\boldsymbol{I}-\boldsymbol{\alpha}\boldsymbol{\alpha}^{\mathrm{T}}$，$\boldsymbol{B}=\boldsymbol{I}+\frac{1}{k}\boldsymbol{\alpha}\boldsymbol{\alpha}^{\mathrm{T}}$，若 $\boldsymbol{A}$ 的逆矩阵为 $\boldsymbol{B}$，则 $k=$ ________.

三、计算题

1. 设 $\boldsymbol{A}=\begin{pmatrix}0 & -1 & 0\\ -1 & 0 & 0\\ 0 & 0 & 1\end{pmatrix}$，$\boldsymbol{B}=\boldsymbol{P}^{-1}\boldsymbol{AP}$，其中 $\boldsymbol{P}$ 是三阶可逆矩阵，计算 $\boldsymbol{B}^{2004}-2\boldsymbol{A}^2$.

2. 求解矩阵方程 $\begin{pmatrix}1 & 2 & 3\\ 2 & 2 & 1\\ 3 & 4 & 3\end{pmatrix}\boldsymbol{X}\begin{pmatrix}2 & 1\\ 5 & 3\end{pmatrix}=\begin{pmatrix}1 & 3\\ 2 & 0\\ 3 & 1\end{pmatrix}$.

3. 求解线性方程组 $\begin{cases} x_1 + 2x_2 - x_3 + 2x_4 = 1 \\ 2x_1 + 4x_2 + x_3 + x_4 = 5 \\ -x_1 - 2x_2 - 2x_3 + x_4 = -3 \end{cases}$.

4. 设 $\boldsymbol{A},\boldsymbol{B}$ 均为三阶方阵,已知 $\boldsymbol{AB}+\boldsymbol{I}=\boldsymbol{A}^2+\boldsymbol{B}$, 其中 $\boldsymbol{A}=\begin{pmatrix} 1 & 0 & 1 \\ 0 & 2 & 0 \\ -1 & 0 & 1 \end{pmatrix}$, 求 $\boldsymbol{B}$.

5. 设 n 阶矩阵 $\boldsymbol{A}$ 和 $\boldsymbol{B}$ 满足条件 $\boldsymbol{A}+\boldsymbol{B}=\boldsymbol{AB}$,

(1)证明 $\boldsymbol{A}-\boldsymbol{I}$ 为可逆矩阵;

(2)已知 $\boldsymbol{B}=\begin{pmatrix} 1 & -3 & 0 \\ 2 & 1 & 0 \\ 0 & 0 & 2 \end{pmatrix}$, 求 $\boldsymbol{A}$.

6. 已知 $\boldsymbol{A},\boldsymbol{B}$ 为三阶矩阵,且满足 $2\boldsymbol{A}^{-1}\boldsymbol{B}=\boldsymbol{B}-4\boldsymbol{I}$, 其中 $\boldsymbol{I}$ 为三阶单位矩阵.

(1)证明:矩阵 $\boldsymbol{A}-2\boldsymbol{I}$ 可逆;

(2)若 $\boldsymbol{B}=\begin{pmatrix}1 & -2 & 0\\ 1 & 2 & 0\\ 0 & 0 & 2\end{pmatrix}$, 求矩阵 $\boldsymbol{A}$.

第 2 章

行列式

2.1　n 阶行列式的定义

一、单选题

1. 已知二阶方阵 $\boldsymbol{A} = \begin{pmatrix} 3 & 2 \\ a & b \end{pmatrix}$，则下列说法错误的是(　　).

A. 若 $a = b = 0$，则 $\det(\boldsymbol{A}) = 0$

B. 若 $a = 3k, b = 2k$，其中 k 为任意实数，则 $\det(\boldsymbol{A}) = 0$

C. 若 $a = 2, b = 1$，则向量 $\boldsymbol{\alpha} = (3,2)$，$\boldsymbol{\beta} = (2,1)$ 所张成的平行四边形面积为 $\det(\boldsymbol{A})$

D. 若 $a = 2, b = 1$，则向量 $\boldsymbol{\alpha} = (3,2)$，$\boldsymbol{\beta} = (2,1)$ 所张成的平行四边形面积为 $-\det(\boldsymbol{A})$

2. 已知四阶方阵 $\boldsymbol{A} = \begin{pmatrix} 1 & & & \\ & 2 & & \\ & & 3 & \\ & & & 4 \end{pmatrix}$，$\boldsymbol{B} = \begin{pmatrix} & & & 1 \\ & & 2 & \\ & 3 & & \\ 4 & & & \end{pmatrix}$，则(　　).

A. $\det(\boldsymbol{A}) = 24, \det(\boldsymbol{B}) = 24$　　B. $\det(\boldsymbol{A}) = 24, \det(\boldsymbol{B}) = -24$

C. $\det(\boldsymbol{A}) = -24, \det(\boldsymbol{B}) = -24$　　D. $\det(\boldsymbol{A}) = -24, \det(\boldsymbol{B}) = 24$

3. 已知三阶行列式 D 的第一行元素依次为 3,2,1，它们的余子式分别为 $M_{11} = \begin{vmatrix} 4 & 2 \\ 7 & 9 \end{vmatrix}$，$M_{12} = \begin{vmatrix} 1 & 2 \\ 6 & 9 \end{vmatrix}$，$M_{13} = \begin{vmatrix} 1 & 4 \\ 6 & 7 \end{vmatrix}$，则三阶行列式 $D = $(　　).

A. $\begin{vmatrix} 3 & 2 & 1 \\ 1 & 4 & 2 \\ 6 & 7 & 9 \end{vmatrix}$　　B. $\begin{vmatrix} 3 & -2 & 1 \\ 4 & 2 & 1 \\ 7 & 9 & 6 \end{vmatrix}$

C. $\begin{vmatrix} 3 & -2 & 1 \\ 1 & 4 & 2 \\ 6 & 7 & 9 \end{vmatrix}$　　D. $\begin{vmatrix} 3 & 2 & 1 \\ 2 & 1 & 4 \\ 9 & 6 & 7 \end{vmatrix}$

4. 若行列式 $\begin{vmatrix} 3 & 2 & 1 \\ 6 & x & 3 \\ 2 & 1 & y \end{vmatrix}$ 中的余子式和代数余子式满足 $A_{11}+M_{11}=0, A_{12}-M_{12}=0$，则 x，y 值分别为(　　).

A. $x=3, y=1$　　B. $x=1, y=3$

C. $x=3, y=2$　　D. $x=2, y=1$

5. 已知 $\boldsymbol{A}=\begin{pmatrix} a & b & c \\ 1 & 2 & 4 \\ -1 & 1 & 3 \end{pmatrix}, \boldsymbol{A}_1=\begin{pmatrix} a & 0 & 0 \\ 1 & 2 & 4 \\ -1 & 1 & 3 \end{pmatrix}, \boldsymbol{A}_2=\begin{pmatrix} 0 & b & 0 \\ 1 & 2 & 4 \\ -1 & 1 & 3 \end{pmatrix}, \boldsymbol{A}_3=\begin{pmatrix} 0 & 0 & c \\ 1 & 2 & 4 \\ -1 & 1 & 3 \end{pmatrix}$，则下列正确的是(　　).

A. $\det(\boldsymbol{A}_2)=7b$

B. $\det(\boldsymbol{A})=\det(\boldsymbol{A}_1)-\det(\boldsymbol{A}_2)+\det(\boldsymbol{A}_3)$

C. $\det(\boldsymbol{A}_3)=-3c$

D. $\det(\boldsymbol{A})=\det(\boldsymbol{A}_1)+\det(\boldsymbol{A}_2)+\det(\boldsymbol{A}_3)$

二、填空题

1. 行列式 $\begin{vmatrix} k-1 & 2 \\ 2 & k-1 \end{vmatrix} \neq 0$ 的充要条件是 ______________.

2. 已知四阶行列式 D 的第一行元素为 $-1,2,0,1$，它们的余子式分别为 $-2,-5,-9,4$，则 $D=$ ______________.

3. 若 $\begin{vmatrix} 1 & 0 & 2 \\ x & 3 & 1 \\ 4 & x & 5 \end{vmatrix}$ 中代数余子式 $A_{12}=-1$，则 $x=$ ______________.

4. $\begin{vmatrix} \sin x & \cos x \\ -\cos x & \sin x \end{vmatrix}=$ ______________.

5. $\begin{vmatrix} 1 & 2 & 3 \\ 0 & 4 & 5 \\ 0 & 0 & 0 \end{vmatrix}=$ ____________，$\begin{vmatrix} 1 & 2 & 3 \\ 2 & 4 & 6 \\ 3 & 6 & 9 \end{vmatrix}=$ ____________，$\begin{vmatrix} 1 & 1 & 1 \\ 1 & 1 & 1 \\ 2 & 3 & 4 \end{vmatrix}=$ ____________.

三、计算题

利用行列式的定义，计算下列行列式.

(1) $\begin{vmatrix} 0 & 0 & \cdots & 0 & 1 \\ 0 & 0 & \cdots & 2 & 0 \\ \vdots & \vdots & & \vdots & \vdots \\ 0 & n-1 & \cdots & 0 & 0 \\ n & 0 & \cdots & 0 & 0 \end{vmatrix}$;　　(2) $\begin{vmatrix} 0 & 0 & \cdots & 0 & a_1 & 0 \\ 0 & 0 & \cdots & a_2 & 0 & 0 \\ \vdots & \vdots & & \vdots & \vdots & 0 \\ 0 & a_{n-2} & \cdots & 0 & 0 & 0 \\ a_{n-1} & 0 & \cdots & 0 & 0 & 0 \\ 0 & 0 & \cdots & 0 & 0 & a_n \end{vmatrix}$.

2.2　行列式的性质与计算

一、单选题

1. 若 n 阶方阵 $\boldsymbol{A}$ 的行列式 $\det(\boldsymbol{A})=0$, 则(　　).

A. 方阵 $\boldsymbol{A}$ 中一定有一行(或列)元素全为0

B. 方阵 $\boldsymbol{A}$ 中一定有两行(或列)元素对应成比例

C. 方阵 $\boldsymbol{A}$ 中一定有两行(或列)元素对应相等

D. 方阵 $\boldsymbol{A}$ 的转置矩阵行列式 $\det(\boldsymbol{A}^{\mathrm{T}})=0$

2. 已知 $\begin{vmatrix} x & y & z \\ 0 & 2 & 3 \\ 1 & 1 & 1 \end{vmatrix}=1$, 则下列正确的是(　　).

A. $\begin{vmatrix} 0 & 2 & 3 \\ x & y & z \\ 1 & 1 & 1 \end{vmatrix}=1$　　B. $\begin{vmatrix} x & y & z \\ x & y+4 & z+6 \\ 1 & 1 & 1 \end{vmatrix}=-2$

C. $\begin{vmatrix} x & y & z \\ 2x & 2y+4 & 2z+6 \\ 3x+1 & 3y+1 & 3z+1 \end{vmatrix}=2$　　D. $\begin{vmatrix} x & z & y \\ 0 & 3 & 2 \\ 1 & 1 & 1 \end{vmatrix}=1$

3. 设 $\boldsymbol{A}$ 为 n 阶方阵,若 $|\boldsymbol{A}|=2$, 则 $|2\boldsymbol{A}^{\mathrm{T}}\boldsymbol{A}|=$(　　).

A. 2^{n+1}　　　　B. 2^{n+2}

C. 2^{2n+1}　　　　D. 2^{2n+2}

4. 设 $\boldsymbol{A},\boldsymbol{B}$ 为 n 阶方阵,则下列结论不正确的是(　　).

A. $|\boldsymbol{AB}|=|\boldsymbol{A}||\boldsymbol{B}|$　　　　B. $|\boldsymbol{AB}|=|\boldsymbol{BA}|$

C. $|k\boldsymbol{A}|=k|\boldsymbol{A}|$,$k$ 为任意实数　　　　D. $|\boldsymbol{A}+\boldsymbol{B}|$ 不一定等于 $|\boldsymbol{A}|+|\boldsymbol{B}|$

5. 设 $\boldsymbol{A}=(\boldsymbol{\alpha}\quad\boldsymbol{\gamma}_1\quad\boldsymbol{\gamma}_2)$,$\boldsymbol{B}=(\boldsymbol{\beta}\quad\boldsymbol{\gamma}_1\quad\boldsymbol{\gamma}_2)$ 是按列分块表示的三阶方阵,且 $|\boldsymbol{A}|=1$, $|\boldsymbol{B}|=3$, 则 $|2\boldsymbol{A}+\boldsymbol{B}|=$(　　).

A. 5　　　　B. 12

C. 25　　　　D. 45

6. 设 $D=\begin{vmatrix}1&2&3\\2&3&1\\3&1&4\end{vmatrix}$, 下列关于余子式 M_{ij} 和代数余子式 A_{ij} 正确的是(　　).

A. $3A_{21}+2A_{22}=\begin{vmatrix}1&2&3\\3&2&0\\3&1&4\end{vmatrix}$　　　　B. $A_{13}-2A_{23}+A_{33}=\begin{vmatrix}1&2&3\\2&3&-2\\3&1&1\end{vmatrix}$

C. $A_{11}-2M_{12}+2A_{13}=\begin{vmatrix}1&-2&2\\3&2&1\\3&1&4\end{vmatrix}$　　　　D. $3M_{21}+2M_{22}-M_{23}=\begin{vmatrix}1&2&3\\-3&-2&1\\3&1&4\end{vmatrix}$

7. 若齐次线性方程组 $\begin{cases}ax_1+x_2+x_3=0\\x_1+bx_2+x_3=0\\x_1+2bx_2+x_3=0\end{cases}$ 只有零解,则(　　).

A. $a\neq1$ 或 $b\neq0$　　　　B. $a\neq1$ 且 $b\neq0$

C. $a=b=0$　　　　D. $a=1$ 或 $b=0$

二、填空题

1. 设 $\boldsymbol{A},\boldsymbol{B}$ 为 n 阶方阵,且满足条件 $\boldsymbol{AB}=\boldsymbol{I}$, $|\boldsymbol{A}|=4$, 则 $|\boldsymbol{B}|=$__________.

2. 设 $\boldsymbol{A}$ 为三阶方阵,且满足条件 $|\boldsymbol{A}|=2$, 则 $|2\boldsymbol{A}|=$__________.

3. 已知 $\boldsymbol{A}$ 为 n 阶方阵,若齐次线性方程组 $\boldsymbol{Ax}=\boldsymbol{0}$ 有非零解,则 $|\boldsymbol{A}|=$__________.

4. 设 $\boldsymbol{A}=\begin{pmatrix}0&2&3\\2&0&1\\3&1&0\end{pmatrix}$,$\boldsymbol{B}=\begin{pmatrix}0&0&0\\0&k&0\\0&0&l\end{pmatrix}$, 当 k,l 满足__________时, $\boldsymbol{AB}+\boldsymbol{I}$ 可逆.

5. 设 $\boldsymbol{A},\boldsymbol{B}$ 为三阶方阵, 且 $|\boldsymbol{A}|=3$, $|\boldsymbol{B}|=2$, $|\boldsymbol{A}^{-1}+\boldsymbol{B}|=2$, 则 $|\boldsymbol{A}-\boldsymbol{B}^{-1}|=$__________.

三、计算题

1. 计算.

(1) $\begin{vmatrix} 2 & 1 & -5 & 1 \\ 1 & -3 & 0 & -6 \\ 0 & 2 & -1 & 2 \\ 1 & 4 & -7 & 6 \end{vmatrix}$;

(2) $\begin{vmatrix} 1 & 1 & 1 & 1 \\ 1 & 2 & 4 & 8 \\ 1 & 3 & 9 & 27 \\ 1 & 4 & 16 & 64 \end{vmatrix}$;

(3) $\begin{vmatrix} 4 & 1 & 2 & 4 \\ 1 & 2 & 0 & 2 \\ 10 & 5 & 2 & 0 \\ 0 & 1 & 1 & 7 \end{vmatrix}$;

(4) $\begin{vmatrix} 2 & 3 & 0 & 0 \\ 1 & 2 & 3 & 0 \\ 0 & 1 & 2 & 3 \\ 0 & 0 & 1 & 2 \end{vmatrix}$;

(5) $\begin{vmatrix} a & b & \cdots & b & b \\ b & a & \cdots & b & b \\ b & b & \cdots & b & b \\ \vdots & \vdots & & \vdots & \vdots \\ b & b & \cdots & b & a \end{vmatrix}$;

(6)设 $abcd=1$, 计算 $D=\begin{vmatrix} a^2+\frac{1}{a^2} & a & \frac{1}{a} & 1 \\ b^2+\frac{1}{b^2} & b & \frac{1}{b} & 1 \\ c^2+\frac{1}{c^2} & c & \frac{1}{c} & 1 \\ d^2+\frac{1}{d^2} & d & \frac{1}{d} & 1 \end{vmatrix}$.

2. 若 $\begin{vmatrix} \lambda-3 & 1 & -1 \\ 1 & \lambda-5 & 1 \\ -1 & 1 & \lambda-3 \end{vmatrix}=0$, 求 λ 的值.

3. 设 n 阶行列式 $D_n=\begin{vmatrix} 1 & 3 & 5 & \cdots & 2n-1 \\ 1 & 2 & 0 & \cdots & 0 \\ 1 & 0 & 3 & \cdots & 0 \\ \vdots & \vdots & \vdots & & \vdots \\ 1 & 0 & 0 & \cdots & n \end{vmatrix}$, 求 D_n 的第一行各元素的代数余子式之和 $A_{11}+A_{12}+\cdots+A_{1n}$.

四、证明题

1. 证明 $\begin{vmatrix} ax+by & ay+bz & az+bx \\ ay+bz & az+bx & ax+by \\ az+bx & ax+by & ay+bz \end{vmatrix} = (a^3+b^3)\begin{vmatrix} x & y & z \\ y & z & x \\ z & x & y \end{vmatrix}$.

2. 证明 $\begin{vmatrix} a^2 & (a+1)^2 & (a+2)^2 & (a+3)^2 \\ b^2 & (b+1)^2 & (b+2)^2 & (b+3)^2 \\ c^2 & (c+1)^2 & (c+2)^2 & (c+3)^2 \\ d^2 & (d+1)^2 & (d+2)^2 & (d+3)^2 \end{vmatrix} = 0$.

2.3　拉普拉斯展开定理

一、填空题

1. 设 $\boldsymbol{A}$ 为三阶方阵，$\boldsymbol{B}$ 为二阶方阵，且 $|\boldsymbol{A}| = 2$，$|\boldsymbol{B}| = 1$，则 $\begin{vmatrix} \boldsymbol{A} & \boldsymbol{O} \\ \boldsymbol{O} & \boldsymbol{B} \end{vmatrix} =$ ________；$\begin{vmatrix} \boldsymbol{O} & \boldsymbol{A} \\ \boldsymbol{B} & \boldsymbol{O} \end{vmatrix} =$ ________.

2. 若 n 阶行列式 D 所有 k 阶子式都为零，则 $D =$ ________.

二、计算题

利用拉普拉斯定理计算下列行列式.

(1) $\begin{vmatrix} 1 & 3 & 0 & 0 \\ 5 & 7 & 0 & 0 \\ 0 & 0 & 2 & 4 \\ 0 & 0 & 6 & 8 \end{vmatrix}$；　　(2) $\begin{vmatrix} 2 & 0 & 0 & 0 \\ 0 & 2 & 0 & 0 \\ 1 & 2 & 1 & 0 \\ 3 & 4 & 0 & 1 \end{vmatrix}$；

(3) $\begin{vmatrix} 1 & 0 & 1 & 0 \\ -1 & 2 & 0 & 1 \\ 1 & 0 & 4 & 0 \\ -1 & -1 & 2 & 1 \end{vmatrix}$.

2.4 克拉默法则

一、单选题

1. 下列说法正确的是(　　).

A. 若 $\boldsymbol{A}^2=\boldsymbol{I}$，则 $\boldsymbol{A}=\boldsymbol{I}$ 或 $\boldsymbol{A}=-\boldsymbol{I}$

B. 若 $\boldsymbol{A}^*=\boldsymbol{O}$，则 $\boldsymbol{A}=\boldsymbol{O}$

C. 若 $|\boldsymbol{A}|=0$，则 $\boldsymbol{A}=\boldsymbol{O}$

D. 若 $\boldsymbol{A}$ 可逆，则 $\boldsymbol{A}^{\mathrm{T}},\boldsymbol{A}^*,\boldsymbol{A}^{-1}$ 均可逆

2. 设 $\boldsymbol{A}$ 为 n 阶方阵，$\boldsymbol{A}^*$ 为 $\boldsymbol{A}$ 的伴随矩阵，若 $\boldsymbol{A}$ 可逆，则下列选项错误的是(　　).

A. $(\boldsymbol{A}^*)^{\mathrm{T}}=(\boldsymbol{A}^{\mathrm{T}})^*$

B. $(\boldsymbol{A}^*)^{-1}=(\boldsymbol{A}^{-1})^*$

C. $\boldsymbol{A}^*=|\boldsymbol{A}|\boldsymbol{A}^{-1}$

D. $|\boldsymbol{A}^*|=|\boldsymbol{A}|$

3. 设 $\boldsymbol{A}$ 为四阶方阵，则 $(3\boldsymbol{A})^*=$(　　).

A. $3\boldsymbol{A}^*$

B. $27\boldsymbol{A}^*$

C. $81\boldsymbol{A}^*$

D. $\frac{1}{3}\boldsymbol{A}^*$

4. 设 $\boldsymbol{A}^*,\boldsymbol{B}^*$ 分别为 n 阶方阵 $\boldsymbol{A},\boldsymbol{B}$ 对应的伴随矩阵，则分块矩阵 $\boldsymbol{C}=\begin{pmatrix}\boldsymbol{A} & \boldsymbol{O}\\ \boldsymbol{O} & \boldsymbol{B}\end{pmatrix}$ 的伴随矩阵 $\boldsymbol{C}^*=$(　　).

A. $\begin{pmatrix}|\boldsymbol{A}|\boldsymbol{A}^* & \boldsymbol{O}\\ \boldsymbol{O} & |\boldsymbol{B}|\boldsymbol{B}^*\end{pmatrix}$

B. $\begin{pmatrix}\boldsymbol{A}^* & \boldsymbol{O}\\ \boldsymbol{O} & \boldsymbol{B}^*\end{pmatrix}$

C. $\begin{pmatrix}|\boldsymbol{B}|\boldsymbol{A}^* & \boldsymbol{O}\\ \boldsymbol{O} & |\boldsymbol{A}|\boldsymbol{B}^*\end{pmatrix}$

D. $\begin{pmatrix}|\boldsymbol{B}|\boldsymbol{B}^* & \boldsymbol{O}\\ \boldsymbol{O} & |\boldsymbol{A}|\boldsymbol{A}^*\end{pmatrix}$

5. 若 $\boldsymbol{A}=\begin{pmatrix}1 & 1 & 0\\ 0 & 2 & 1\\ 0 & 0 & 3\end{pmatrix}$，则 $\boldsymbol{A}$ 所有的代数余子式之和为(　　).

A. 8

B. 9

C. 7

D. 10

6. 若 $\boldsymbol{A}$ 为 n 阶可逆矩阵且 $n\geqslant 2$，$\boldsymbol{A}^*$ 为 $\boldsymbol{A}$ 的伴随矩阵，则 $(\boldsymbol{A}^*)^*=$(　　).

A. $|\boldsymbol{A}|^{n+1}\boldsymbol{A}$

B. $|\boldsymbol{A}|^{n+2}\boldsymbol{A}$

C. $|\boldsymbol{A}|^{n-2}\boldsymbol{A}$

D. $|\boldsymbol{A}|^{n-1}\boldsymbol{A}$

二、填空题

1. 若 $\boldsymbol{A}=\boldsymbol{O}$，则 $\boldsymbol{A}^*=$ __________.

2. 已知 $\boldsymbol{A}$ 为三阶方阵，且 $|\boldsymbol{A}|=3$，则(1) $|\boldsymbol{A}^{-1}|=$ ________；(2) $|\boldsymbol{A}\boldsymbol{A}^{\mathrm{T}}|=$ ________；(3) $|\boldsymbol{A}^*|=$ __________；(4) $|(2\boldsymbol{A})^*|=$ __________；(5) $|2\boldsymbol{A}^{-1}-\boldsymbol{A}^*|=$ __________；(6) $|(\boldsymbol{A}^*)^*|=$ __________.

3. 已知 $A^* = \begin{pmatrix} 1 & 2 \\ 2 & 5 \end{pmatrix}$，则 $A =$ ____________.

4. 已知 $A = \begin{pmatrix} -3 & 2 & -2 \\ 2 & x & 3 \\ 2 & -1 & 1 \end{pmatrix}$，$B$ 为非零矩阵，且 $AB = O$，则 $x =$ __________.

三、计算题

1. 求下列矩阵的伴随矩阵.

(1) $\begin{pmatrix} 1 & 2 \\ 3 & 4 \end{pmatrix}$；　　(2) $\begin{pmatrix} 2 & 0 & 1 \\ 1 & -4 & -1 \\ -1 & 8 & 3 \end{pmatrix}$.

2. 设 $A = \begin{pmatrix} 2 & 0 & 0 \\ 2 & 1 & 0 \\ 3 & 1 & 4 \end{pmatrix}$，$A^*$ 是 A 的伴随矩阵，求 $(A^*)^{-1}$.

3. 利用克拉默法则求解线性方程组 $\begin{cases} x_2 + x_3 + x_4 = 1 \\ x_1 + x_3 + x_4 = 1 \\ x_1 + x_2 + x_4 = 1 \\ x_1 + x_2 + x_3 = 1 \end{cases}$.

4. 设$\boldsymbol{A}=\begin{pmatrix}2&1&0\\1&2&0\\0&0&1\end{pmatrix}$，矩阵$\boldsymbol{B}$满足$\boldsymbol{ABA}^*=2\boldsymbol{BA}^*+\boldsymbol{I}$，其中$\boldsymbol{A}^*$是$\boldsymbol{A}$的伴随矩阵，$\boldsymbol{I}$是单位矩阵，求$|\boldsymbol{B}|$.

5. 设$\boldsymbol{A}=\begin{pmatrix}1&a&0&0\\0&1&a&0\\0&0&1&a\\a&0&0&1\end{pmatrix}$，$\boldsymbol{\beta}=\begin{pmatrix}1\\-1\\0\\0\end{pmatrix}$，试求：(1)行列式$|\boldsymbol{A}|$的值；(2)当$a$为何值时，方程组$\boldsymbol{Ax}=\boldsymbol{\beta}$有唯一解.

四、证明题

设$\boldsymbol{A}$为n阶方阵，$\boldsymbol{A}^*$是$\boldsymbol{A}$的伴随矩阵，证明：(1)若$|\boldsymbol{A}|=0$，则$|\boldsymbol{A}^*|=0$；(2)$|\boldsymbol{A}^*|=|\boldsymbol{A}|^{n-1}$.

2.5　矩阵的秩

一、单选题

1. 已知 $m \times n$ 矩阵 $\boldsymbol{A}$ 的秩为 r，若 $2 \leqslant r \leqslant \min(m,n) - 1$，则下列说法错误的是(　　).

A. 矩阵 $\boldsymbol{A}$ 中存在一个非零的 r 阶子式

B. 矩阵 $\boldsymbol{A}$ 中存在一个非零的 $r-1$ 阶子式

C. 矩阵 $\boldsymbol{A}$ 中所有的 r 阶子式都非零

D. 矩阵 $\boldsymbol{A}$ 中所有的 $r+1$ 阶子式都为零

2. 已知 $\boldsymbol{A},\boldsymbol{B},\boldsymbol{C}$ 分别为 $m\times m, m\times n, n\times n$ 矩阵，且 $|\boldsymbol{A}|=2, R(\boldsymbol{B})=3, |\boldsymbol{C}|=4$，则矩阵 $\boldsymbol{ABC}$ 的秩 $R(\boldsymbol{ABC})=$(　　).

A. 2　　　　B. 3

C. 4　　　　D. 5

3. 已知 $\boldsymbol{A}$ 为 $n\times n$ 矩阵，则下列选项中不是 $\boldsymbol{A}$ 可逆的充分必要条件的是(　　).

A. $R(\boldsymbol{A})=n$　　　　B. $|\boldsymbol{A}|\neq 0$

C. $|\boldsymbol{A}^*|=0$　　　　D. $\boldsymbol{Ax}=\boldsymbol{0}$ 只有零解

4. 已知同型矩阵 $\boldsymbol{A},\boldsymbol{B}$ 等价，且 $R(\boldsymbol{A})=2, \boldsymbol{B}=\begin{pmatrix}1&0&0\\2&x&6\\4&2&3\end{pmatrix}$，则 $x=$(　　).

A. 3　　　　B. 2

C. 4　　　　D. 1

5. 已知 $\boldsymbol{A}$ 为 $n\times n$ 矩阵，则下列结论错误的是(　　).

A. 若 $|\boldsymbol{A}|\neq 0$，则 $R(\boldsymbol{A})=n$

B. 若线性方程组 $\boldsymbol{Ax}=\boldsymbol{0}$ 有非零解，则 $R(\boldsymbol{A})<n$

C. 若 $|\boldsymbol{A}|=0$，则 $R(\boldsymbol{A})<n$

D. 若线性方程组 $\boldsymbol{Ax}=\boldsymbol{b}$ 有解，则 $R(\boldsymbol{A})=n$

二、填空题

1. 已知 $A=\begin{pmatrix}1&4&5\\0&2&8\\0&0&0\end{pmatrix}$，则 $R(A)=$ ________.

2. 已知同型矩阵 A,B 等价，且 $B=\begin{pmatrix}1&0&0\\2&2&0\\3&3&5\end{pmatrix}$，则 $R(B)=$ ________，$R(A)=$ ________，$R(A^{T})=$ ________，$R(4A)=$ ________.

3. 已知 n 阶矩阵 A 的秩 $R(A)<n-1$，则矩阵 A 的伴随矩阵 A^* 的秩 $R(A^*)=$ ________.

4. 设 A 为 n 阶可逆矩阵，则 $R(A)=$ ________，$R(A^*)=$ ________.

三、计算题

1. 求下列矩阵的秩和标准形.

(1) $\begin{pmatrix}5&1&-2&4\\3&-7&6&1\\1&2&7&9\end{pmatrix}$；

(2) $\begin{pmatrix}1&-1&0&1&2\\2&0&1&1&0\\3&1&0&0&4\\2&2&0&-1&-2\end{pmatrix}$.

2. 设 $A=\begin{pmatrix}0&3&0\\2&4&1\\1&5&2\end{pmatrix}$，$B=\begin{pmatrix}1&3&4\\0&2&5\\0&0&0\end{pmatrix}$，求 $R(A^{T}B)$.

3. 设 $\boldsymbol{A}=\begin{pmatrix}1 & 2 & 4 & -2\\ a & 3 & 0 & 3\\ 2 & 3 & -1 & 4\end{pmatrix}$, $R(\boldsymbol{A})=2$, 求 a 的值.

4. 已知 $\boldsymbol{A}=\begin{pmatrix}1 & 1 & 1 & 1\\ 3 & 2 & 1 & x\\ 0 & 1 & 2 & 3\\ 5 & 4 & 3 & y\end{pmatrix}$, $\boldsymbol{B}=\begin{pmatrix}1 & 1 & 1 & 1\\ 0 & 2 & 1 & 0\\ 0 & 0 & 0 & 0\\ 0 & 0 & 0 & 0\end{pmatrix}$, 且矩阵 $\boldsymbol{A},\boldsymbol{B}$ 等价, 求 x,y 的值.

四、证明题

设 $\boldsymbol{A},\boldsymbol{B}$ 分别与 $\boldsymbol{C},\boldsymbol{D}$ 等价, 证明: $\begin{pmatrix}\boldsymbol{A} & \boldsymbol{O}\\ \boldsymbol{O} & \boldsymbol{B}\end{pmatrix}$ 与 $\begin{pmatrix}\boldsymbol{C} & \boldsymbol{O}\\ \boldsymbol{O} & \boldsymbol{D}\end{pmatrix}$ 等价.

单元复习题(二)

一、单选题

1. 设 $|\boldsymbol{A}| = \begin{vmatrix} a_{11} & a_{12} & a_{13} \\ a_{21} & a_{22} & a_{23} \\ a_{31} & a_{32} & a_{33} \end{vmatrix} = 2$, 若 $|\boldsymbol{B}| = \begin{vmatrix} a_{11} & a_{12} & a_{13} \\ 4a_{11}+a_{21} & 4a_{12}+a_{22} & 4a_{13}+a_{23} \\ 5a_{11}+a_{31} & 5a_{12}+a_{32} & 5a_{13}+a_{33} \end{vmatrix}$, 则 $|\boldsymbol{B}| =$ (　　).

A. 2　　B. 8

C. 10　　D. 40

2. 设 $|\boldsymbol{A}| = \begin{vmatrix} a_{11} & a_{12} & a_{13} \\ a_{21} & a_{22} & a_{23} \\ a_{31} & a_{32} & a_{33} \end{vmatrix}$, 若 $|\boldsymbol{B}| = \begin{vmatrix} 2a_{11} & 2a_{12} & 2a_{13} \\ 3a_{21} & 3a_{22} & 3a_{23} \\ 4a_{31} & 4a_{32} & 4a_{33} \end{vmatrix}$, 则 $|\boldsymbol{B}| =$ (　　).

A. $2|\boldsymbol{A}|$　　B. $3|\boldsymbol{A}|$

C. $|\boldsymbol{A}|$　　D. $24|\boldsymbol{A}|$

3. 设齐次线性方程组 $\begin{cases} x_1 + x_2 + kx_3 = 0 \\ 2x_1 + kx_2 + x_3 = 0 \\ -3x_2 + x_3 = 0 \end{cases}$ 有非零解,则 $k =$ (　　).

A. $\frac{1}{5}$　　B. 5

C. 10　　D. 0

4. 若 $\boldsymbol{A},\boldsymbol{B}$ 均为 n 阶方阵,那么下列一定成立的是 (　　).

A. 两个矩阵都可逆　　B. $|\boldsymbol{AB}| = |\boldsymbol{A}|\,|\boldsymbol{B}|$

C. 两个矩阵都不可逆　　D. 以上都不成立

二、填空题

1. 已知行列式 $\det \boldsymbol{A} = \begin{vmatrix} 1 & -4 & 2 \\ 1 & -3 & 2 \\ 1 & -1 & 3 \end{vmatrix}$, 则 $A_{12} =$ ________, $M_{12} =$ ________, $A_{13} + A_{22} + A_{31} =$ ________; 在行列式中选取第一、二行,第二列和第三列组成行列式的一个二阶子式 S,则 $S =$ ________, 二阶子式 S 的代数余子式等于 ________.

2. 若 $\boldsymbol{I}$ 是三阶单位矩阵,则 $|3\boldsymbol{I}| =$ ________.

3. 已知矩阵 $\boldsymbol{A} = \begin{pmatrix} 4 & 5 \\ 3 & 4 \end{pmatrix}$, 则伴随矩阵 $\boldsymbol{A}^* =$ ________.

4. 若 n 阶方阵 $\boldsymbol{A}$ 不可逆,则矩阵 $\boldsymbol{A}$ 的秩 $R(\boldsymbol{A}) <$ ________.

三、计算题

1. 计算下列行列式.

(1) $\begin{vmatrix} 3 & 1 & 1 & 1 \\ 1 & 3 & 1 & 1 \\ 1 & 1 & 3 & 1 \\ 1 & 1 & 1 & 3 \end{vmatrix}$;

(2) $\begin{vmatrix} 2 & 1 & -5 & 1 \\ 1 & -3 & 0 & -6 \\ 0 & 2 & -1 & 2 \\ 1 & 4 & -7 & 6 \end{vmatrix}$;

(3) $\begin{vmatrix} x & -1 & 0 & \cdots & 0 & 0 \\ 0 & x & -1 & \cdots & 0 & 0 \\ 0 & 0 & x & \cdots & 0 & 0 \\ \vdots & \vdots & \vdots & & \vdots & \vdots \\ 0 & 0 & 0 & \cdots & x & -1 \\ a_n & a_{n-1} & a_{n-2} & \cdots & a_2 & a_1+x \end{vmatrix}$;

(4) $\begin{vmatrix} a_1 & x & x & \cdots & x & x \\ x & a_2 & x & \cdots & x & x \\ x & x & a_3 & \cdots & x & x \\ \vdots & \vdots & \vdots & & \vdots & \vdots \\ x & x & x & \cdots & a_{n-1} & x \\ x & x & x & \cdots & x & a_n \end{vmatrix}$;

(5)设矩阵 $\boldsymbol{A}=\begin{pmatrix}7 & 5 & 1\\ 5 & 1 & 7\\ 1 & 7 & 5\end{pmatrix}$, 求 $|\boldsymbol{A}|, 2|\boldsymbol{A}|, |2\boldsymbol{A}|$.

2. 设矩阵 $\boldsymbol{A}=\begin{pmatrix}1 & 2 & 1\\ 2 & 2 & -2\\ -1 & t & 5\\ 1 & 0 & -3\end{pmatrix}$, 已知 $\boldsymbol{A}$ 的秩 $R(\boldsymbol{A})=2$, 求 t 和 $\boldsymbol{A}$ 的标准形.

3. 设 $\boldsymbol{A}=\begin{pmatrix}1 & -2 & 1 & -1\\ 2 & 3 & a & 2\\ 3 & 4 & -1 & b\end{pmatrix}$, $R(\boldsymbol{A})=2$, 求 a 与 b 的值.

4. 设矩阵 $\boldsymbol{A}=3\begin{pmatrix}1&1&1\\1&1&0\\1&0&0\end{pmatrix}$，求 $\boldsymbol{A}$ 的伴随矩阵 $\boldsymbol{A}^*$.

5. 设 $\boldsymbol{A}$ 为三阶方阵，$|\boldsymbol{A}|=4$，$\boldsymbol{A}^*$ 是 $\boldsymbol{A}$ 的伴随矩阵，求 $|2\boldsymbol{A}^*|$，$|(3\boldsymbol{A}^*)^{-1}|$，$|3\boldsymbol{A}^{-1}+\boldsymbol{A}^*|$.

四、应用题

1. 设 M_{ij} 和 A_{ij} 分别是行列式 $D=\begin{vmatrix}2&1&-5&1\\1&-3&0&-6\\0&2&-1&2\\1&4&-7&6\end{vmatrix}$ 中元素 a_{ij} 的余子式与代数余子式，试求：(1) $A_{31}-3A_{32}-6A_{34}$；(2) $M_{11}+2M_{21}+M_{41}$.

2. 设矩阵 $\boldsymbol{A},\boldsymbol{B}$ 满足 $\boldsymbol{A}^*\boldsymbol{B}\boldsymbol{A}=2\boldsymbol{B}\boldsymbol{A}-8\boldsymbol{I}$, 其中 $\boldsymbol{A}=\begin{pmatrix}1 & 0 & 0\\ 0 & -2 & 0\\ 0 & 0 & 1\end{pmatrix}$, $\boldsymbol{I}$ 为单位矩阵, $\boldsymbol{A}^*$ 为 $\boldsymbol{A}$ 的伴随矩阵,求 $\boldsymbol{B}$.

第3章 n维向量空间

3.1 向量组的线性组合

一、单选题

1. 已知向量 $\boldsymbol{\alpha}_1=(x,2,-1)^{\mathrm{T}}$，$\boldsymbol{\alpha}_2=(2,y-5,3)^{\mathrm{T}}$，$\boldsymbol{\alpha}_3=(1,4,3-z)^{\mathrm{T}}$，且满足 $\boldsymbol{\alpha}_1+\boldsymbol{\alpha}_2-2\boldsymbol{\alpha}_3=\mathbf{0}$，则 x,y,z 的值分别为（　　）.

A. $x=5,y=3,z=3$　　B. $x=0,y=11,z=2$

C. $x=0,y=3,z=3$　　D. $x=5,y=3,z=-3$

2. 已知向量 $2\boldsymbol{\alpha}+\boldsymbol{\beta}=(1,-2,-2,1)$，$3\boldsymbol{\alpha}+2\boldsymbol{\beta}=(1,-4,-3,0)$，则 $\boldsymbol{\alpha}-2\boldsymbol{\beta}=$（　　）.

A. $(3,5,-1,8)$　　B. $(3,4,-1,8)$

C. $(2,4,-1,9)$　　D. $(2,-5,1,7)$

3. 已知矩阵 $\boldsymbol{A}=(\boldsymbol{\alpha}_1,\boldsymbol{\alpha}_2,\cdots,\boldsymbol{\alpha}_n)$，下列说法一定正确的是（　　）.

A. 若线性方程组 $\boldsymbol{Ax}=\boldsymbol{b}$ 有解，则 $\boldsymbol{b}$ 可由 $\boldsymbol{\alpha}_1,\boldsymbol{\alpha}_2,\cdots,\boldsymbol{\alpha}_n$ 线性表示

B. 若线性方程组 $\boldsymbol{Ax}=\boldsymbol{b}$ 无解，则 $\boldsymbol{b}$ 可由 $\boldsymbol{\alpha}_1,\boldsymbol{\alpha}_2,\cdots,\boldsymbol{\alpha}_n$ 线性表示

C. 若线性方程组 $\boldsymbol{Ax}=\boldsymbol{b}$ 有解，则 $R(\boldsymbol{A},\boldsymbol{b})\neq R(\boldsymbol{A})$

D. 若线性方程组 $\boldsymbol{Ax}=\boldsymbol{b}$ 无解，则 $R(\boldsymbol{A},\boldsymbol{b})=R(\boldsymbol{A})$

4. 若向量组 $\boldsymbol{\alpha}_1=(1,2,3)^{\mathrm{T}}$，$\boldsymbol{\alpha}_2=(2,3,6)^{\mathrm{T}}$，$\boldsymbol{\alpha}_3=(-1,2,a)^{\mathrm{T}}$ 可以线性表示任意一个三维列向量，则 a 的取值范围为（　　）.

A. $a\neq-3$　　B. $a=3$

C. $a\neq2$　　D. $a=2$

5. 设 $\boldsymbol{A}$ 为四阶方阵，且 $|\boldsymbol{A}|=0$，则 $\boldsymbol{A}$ 中（　　）.

A. 必有一列(或行)元素全为零

B. 必有两列(或行)元素对应成比例

C. 必有一列(或行)向量是其余列(或行)向量的线性组合

D. 任意一列(或行)向量是其余列(或行)向量的线性组合

6. 已知向量组 $\boldsymbol{b},\boldsymbol{\alpha}_1,\boldsymbol{\alpha}_2,\cdots,\boldsymbol{\alpha}_n$，且 $\boldsymbol{A}=(\boldsymbol{\alpha}_1,\boldsymbol{\alpha}_2,\cdots,\boldsymbol{\alpha}_n)$，则下列说法错误的是(　　).

A. 若 $\boldsymbol{Ax}=\boldsymbol{b}$ 有无穷多解,则 $\boldsymbol{b}$ 可由 $\boldsymbol{\alpha}_1,\boldsymbol{\alpha}_2,\cdots,\boldsymbol{\alpha}_n$ 线性表示且表示式不唯一

B. 若 $\boldsymbol{Ax}=\boldsymbol{b}$ 有唯一解,则 $\boldsymbol{b}$ 可由 $\boldsymbol{\alpha}_1,\boldsymbol{\alpha}_2,\cdots,\boldsymbol{\alpha}_n$ 线性表示且表示式唯一

C. 若 $\boldsymbol{Ax}=\boldsymbol{b}$ 无解,则 $\boldsymbol{b}$ 不能由 $\boldsymbol{\alpha}_1,\boldsymbol{\alpha}_2,\cdots,\boldsymbol{\alpha}_n$ 线性表示

D. 若 $\boldsymbol{Ax}=\boldsymbol{b}$ 满足条件 $R(\boldsymbol{A})\neq R(\bar{\boldsymbol{A}})$，则 $\boldsymbol{Ax}=\boldsymbol{b}$ 有解

二、计算题

1. 向量 $\boldsymbol{\beta}=(3,7,8)^{\mathrm{T}}$ 能否由向量组 $\boldsymbol{\alpha}_1=(1,2,-1)^{\mathrm{T}},\boldsymbol{\alpha}_2=(2,5,3)^{\mathrm{T}},\boldsymbol{\alpha}_3=(1,4,3)^{\mathrm{T}}$ 线性表示？若能,请写出线性表示式.

2. 判断向量 $\boldsymbol{\beta}=(2,1,1)^{\mathrm{T}}$ 能否由向量组 $\boldsymbol{\alpha}_1=(1,-1,3)^{\mathrm{T}},\boldsymbol{\alpha}_2=(-1,3,-5)^{\mathrm{T}},\boldsymbol{\alpha}_3=(1,2,0)^{\mathrm{T}}$ 线性表示.

3. 设 $\boldsymbol{\alpha}_1=(1,2,0)^{\mathrm{T}},\boldsymbol{\alpha}_2=(1,a+2,-3a)^{\mathrm{T}},\boldsymbol{\alpha}_3=(-1,-b-2,a+2b)^{\mathrm{T}}$，$\boldsymbol{\beta}=(1,3,-3)^{\mathrm{T}}$，试讨论：$a,b$ 为何值时，

(1) $\boldsymbol{\beta}$ 不能由 $\boldsymbol{\alpha}_1,\boldsymbol{\alpha}_2,\boldsymbol{\alpha}_3$ 线性表示；

(2) $\boldsymbol{\beta}$ 可以由 $\boldsymbol{\alpha}_1,\boldsymbol{\alpha}_2,\boldsymbol{\alpha}_3$ 唯一线性表示,并将 $\boldsymbol{\beta}$ 用 $\boldsymbol{\alpha}_1,\boldsymbol{\alpha}_2,\boldsymbol{\alpha}_3$ 线性表示；

(3) $\boldsymbol{\beta}$ 可以由 $\boldsymbol{\alpha}_1,\boldsymbol{\alpha}_2,\boldsymbol{\alpha}_3$ 线性表示,但表示式不唯一,并求出表示式.

3.2　向量组的线性相关性

一、单选题

1. 设n维向量组$\boldsymbol{\alpha}_1,\boldsymbol{\alpha}_2,\cdots,\boldsymbol{\alpha}_m$，下列结论正确的是(　　).

A. 若$k_1\boldsymbol{\alpha}_1+k_2\boldsymbol{\alpha}_2+\cdots+k_m\boldsymbol{\alpha}_m=\mathbf{0}$，则$\boldsymbol{\alpha}_1,\boldsymbol{\alpha}_2,\cdots,\boldsymbol{\alpha}_m$线性相关

B. 若$n<m$，则$\boldsymbol{\alpha}_1,\boldsymbol{\alpha}_2,\cdots,\boldsymbol{\alpha}_m$线性相关

C. 若$\boldsymbol{\alpha}_1$不能由$\boldsymbol{\alpha}_2,\cdots,\boldsymbol{\alpha}_m$线性表示，则$\boldsymbol{\alpha}_1,\boldsymbol{\alpha}_2,\cdots,\boldsymbol{\alpha}_m$线性无关

D. 因为$0\boldsymbol{\alpha}_1+0\boldsymbol{\alpha}_2+\cdots+0\boldsymbol{\alpha}_m=\mathbf{0}$，所以$\boldsymbol{\alpha}_1,\boldsymbol{\alpha}_2,\cdots,\boldsymbol{\alpha}_m$线性无关

2. 设两个n维向量组$\boldsymbol{\alpha}_1,\boldsymbol{\alpha}_2,\cdots,\boldsymbol{\alpha}_m$和$\boldsymbol{\beta}_1,\boldsymbol{\beta}_2,\cdots,\boldsymbol{\beta}_m$，若存在两组不全为零的数$k_1,k_2,\cdots,k_m$和$\lambda_1,\lambda_2,\cdots,\lambda_m$，使得$(k_1+\lambda_1)\boldsymbol{\alpha}_1+(k_2+\lambda_2)\boldsymbol{\alpha}_2+\cdots+(k_m+\lambda_m)\boldsymbol{\alpha}_m+(k_1-\lambda_1)\boldsymbol{\beta}_1+(k_2-\lambda_2)\boldsymbol{\beta}_2+\cdots+(k_m-\lambda_m)\boldsymbol{\beta}_m=\mathbf{0}$，则(　　).

A. 向量组$\boldsymbol{\alpha}_1,\boldsymbol{\alpha}_2,\cdots,\boldsymbol{\alpha}_m$和$\boldsymbol{\beta}_1,\boldsymbol{\beta}_2,\cdots,\boldsymbol{\beta}_m$都线性无关

B. 向量组$\boldsymbol{\alpha}_1,\boldsymbol{\alpha}_2,\cdots,\boldsymbol{\alpha}_m$和$\boldsymbol{\beta}_1,\boldsymbol{\beta}_2,\cdots,\boldsymbol{\beta}_m$都线性相关

C. 向量组$\boldsymbol{\alpha}_1+\boldsymbol{\beta}_1,\boldsymbol{\alpha}_2+\boldsymbol{\beta}_2,\cdots,\boldsymbol{\alpha}_m+\boldsymbol{\beta}_m,\boldsymbol{\alpha}_1-\boldsymbol{\beta}_1,\boldsymbol{\alpha}_2-\boldsymbol{\beta}_2,\cdots,\boldsymbol{\alpha}_m-\boldsymbol{\beta}_m$线性无关

D. 向量组$\boldsymbol{\alpha}_1+\boldsymbol{\beta}_1,\boldsymbol{\alpha}_2+\boldsymbol{\beta}_2,\cdots,\boldsymbol{\alpha}_m+\boldsymbol{\beta}_m,\boldsymbol{\alpha}_1-\boldsymbol{\beta}_1,\boldsymbol{\alpha}_2-\boldsymbol{\beta}_2,\cdots,\boldsymbol{\alpha}_m-\boldsymbol{\beta}_m$线性相关

3. 设$\boldsymbol{\alpha}_1,\boldsymbol{\alpha}_2,\cdots,\boldsymbol{\alpha}_m$均为$n$维向量，$\boldsymbol{A}$为$n$阶方阵，则下列选项正确的是(　　).

A. 若$\boldsymbol{A}\boldsymbol{\alpha}_1,\boldsymbol{A}\boldsymbol{\alpha}_2,\cdots,\boldsymbol{A}\boldsymbol{\alpha}_m$线性相关，则$\boldsymbol{\alpha}_1,\boldsymbol{\alpha}_2,\cdots,\boldsymbol{\alpha}_m$线性相关

B. 若$\boldsymbol{A}\boldsymbol{\alpha}_1,\boldsymbol{A}\boldsymbol{\alpha}_2,\cdots,\boldsymbol{A}\boldsymbol{\alpha}_m$线性相关，则$\boldsymbol{\alpha}_1,\boldsymbol{\alpha}_2,\cdots,\boldsymbol{\alpha}_m$线性无关

C. 若$\boldsymbol{A}\boldsymbol{\alpha}_1,\boldsymbol{A}\boldsymbol{\alpha}_2,\cdots,\boldsymbol{A}\boldsymbol{\alpha}_m$线性无关，则$\boldsymbol{\alpha}_1,\boldsymbol{\alpha}_2,\cdots,\boldsymbol{\alpha}_m$线性相关

D. 若$\boldsymbol{A}\boldsymbol{\alpha}_1,\boldsymbol{A}\boldsymbol{\alpha}_2,\cdots,\boldsymbol{A}\boldsymbol{\alpha}_m$线性无关，则$\boldsymbol{\alpha}_1,\boldsymbol{\alpha}_2,\cdots,\boldsymbol{\alpha}_m$线性无关

4. 设n维向量组$\boldsymbol{\alpha}_1,\boldsymbol{\alpha}_2,\cdots,\boldsymbol{\alpha}_m(m<n)$线性无关，则$n$维向量组$\boldsymbol{\beta}_1,\boldsymbol{\beta}_2,\cdots,\boldsymbol{\beta}_m$线性无关的充要条件是(　　).

A. 向量组$\boldsymbol{\alpha}_1,\boldsymbol{\alpha}_2,\cdots,\boldsymbol{\alpha}_m$可由向量组$\boldsymbol{\beta}_1,\boldsymbol{\beta}_2,\cdots,\boldsymbol{\beta}_m$线性表示

B. 向量组$\boldsymbol{\beta}_1,\boldsymbol{\beta}_2,\cdots,\boldsymbol{\beta}_m$可由向量组$\boldsymbol{\alpha}_1,\boldsymbol{\alpha}_2,\cdots,\boldsymbol{\alpha}_m$线性表示

C. 向量组$\boldsymbol{\alpha}_1,\boldsymbol{\alpha}_2,\cdots,\boldsymbol{\alpha}_m$与向量组$\boldsymbol{\beta}_1,\boldsymbol{\beta}_2,\cdots,\boldsymbol{\beta}_m$等价

D. 矩阵 $\boldsymbol{A}=(\boldsymbol{\alpha}_1,\boldsymbol{\alpha}_2,\cdots,\boldsymbol{\alpha}_m)$ 与矩阵 $\boldsymbol{B}=(\boldsymbol{\beta}_1,\boldsymbol{\beta}_2,\cdots,\boldsymbol{\beta}_m)$ 等价

5. 已知 m 维向量组 $\boldsymbol{\alpha}_1,\boldsymbol{\alpha}_2,\cdots,\boldsymbol{\alpha}_n$，且 $\boldsymbol{A}=(\boldsymbol{\alpha}_1,\boldsymbol{\alpha}_2,\cdots,\boldsymbol{\alpha}_n)$，则下列说法错误的是(　　).

A. 若 $\boldsymbol{Ax}=\boldsymbol{0}$ 有非零解,则向量组 $\boldsymbol{\alpha}_1,\boldsymbol{\alpha}_2,\cdots,\boldsymbol{\alpha}_n$ 线性相关

B. 若向量组 $\boldsymbol{\alpha}_1,\boldsymbol{\alpha}_2,\cdots,\boldsymbol{\alpha}_n$ 线性无关,则 $\boldsymbol{Ax}=\boldsymbol{0}$ 只有零解

C. 向量组 $\boldsymbol{\alpha}_1,\boldsymbol{\alpha}_2,\cdots,\boldsymbol{\alpha}_n$ 线性无关的充要条件是 $R(\boldsymbol{A})=n$

D. 若向量组 $\boldsymbol{\alpha}_1,\boldsymbol{\alpha}_2,\cdots,\boldsymbol{\alpha}_n$ 线性相关,则 $R(\boldsymbol{A})>n$

二、填空题

1. 已知向量组 $\boldsymbol{\alpha}_1=(1,2,3)^{\mathrm{T}},\boldsymbol{\alpha}_2=(1,1,1)^{\mathrm{T}},\boldsymbol{\alpha}_3=(-1,-2,a)^{\mathrm{T}}$. 当 a ________时，向量组线性相关;当 a ________时,向量组线性无关.

2. 已知方阵 $\boldsymbol{A}=\begin{pmatrix}1&2&-2\\2&1&2\\3&0&4\end{pmatrix}$，向量 $\boldsymbol{\alpha}=\begin{pmatrix}a\\1\\1\end{pmatrix}$，若 $\boldsymbol{A\alpha}$ 与 $\boldsymbol{\alpha}$ 线性相关，则 $a=$________.

3. 若向量组 $\boldsymbol{\alpha}_1=(1,3,4,-2)^{\mathrm{T}},\boldsymbol{\alpha}_2=(2,1,3,t)^{\mathrm{T}},\boldsymbol{\alpha}_3=(3,-1,2,0)^{\mathrm{T}}$ 线性相关,则 $t=$________.

三、计算题

1. 判断下列向量组线性相关还是线性无关.

(1) $\boldsymbol{\alpha}_1=(1,2,3),\boldsymbol{\alpha}_2=(1,-4,1),\boldsymbol{\alpha}_3=(1,14,7)$;

(2) $\boldsymbol{\alpha}_1=\begin{pmatrix}1\\1\\3\\1\end{pmatrix},\boldsymbol{\alpha}_2=\begin{pmatrix}3\\-1\\2\\4\end{pmatrix},\boldsymbol{\alpha}_3=\begin{pmatrix}2\\2\\7\\-1\end{pmatrix}$;

(3) $\boldsymbol{\alpha}_1=\begin{pmatrix}1\\2\\1\\3\end{pmatrix},\boldsymbol{\alpha}_2=\begin{pmatrix}2\\-1\\0\\4\end{pmatrix},\boldsymbol{\alpha}_3=\begin{pmatrix}3\\0\\0\\-1\end{pmatrix},\boldsymbol{\alpha}_4=\begin{pmatrix}3\\-1\\0\\5\end{pmatrix},\boldsymbol{\alpha}_5=\begin{pmatrix}0\\1\\7\\4\end{pmatrix}$.

2. 讨论向量组 $\boldsymbol{\alpha}_1=\begin{pmatrix}1\\0\\1\\0\end{pmatrix},\boldsymbol{\alpha}_2=\begin{pmatrix}3\\b+2\\3\\1\end{pmatrix},\boldsymbol{\alpha}_3=\begin{pmatrix}4\\5\\a-2\\-1\end{pmatrix}$ 的相关性.

3. 已知向量组 $\boldsymbol{\alpha}_1,\boldsymbol{\alpha}_2,\boldsymbol{\alpha}_3$ 线性无关,判断下列向量组的线性相关性.

(1) $\boldsymbol{\beta}_1=\boldsymbol{\alpha}_1+2\boldsymbol{\alpha}_2,\boldsymbol{\beta}_2=2\boldsymbol{\alpha}_2+3\boldsymbol{\alpha}_3,\boldsymbol{\beta}_3=4\boldsymbol{\alpha}_1+3\boldsymbol{\alpha}_3$;

(2) $\boldsymbol{\beta}_1=\boldsymbol{\alpha}_1-\boldsymbol{\alpha}_2,\boldsymbol{\beta}_2=2\boldsymbol{\alpha}_2-\boldsymbol{\alpha}_3,\boldsymbol{\beta}_3=\boldsymbol{\alpha}_1+\boldsymbol{\alpha}_2-\boldsymbol{\alpha}_3$.

四、证明题

已知 $\boldsymbol{A}$ 为三阶方阵, $\boldsymbol{\alpha}_1,\boldsymbol{\alpha}_2$ 为线性无关的三维列向量, $\boldsymbol{A}\boldsymbol{\alpha}_1=-\boldsymbol{\alpha}_1,\boldsymbol{A}\boldsymbol{\alpha}_2=\boldsymbol{\alpha}_2$, 若向量 $\boldsymbol{\alpha}_3$ 满足 $\boldsymbol{A}\boldsymbol{\alpha}_3=2\boldsymbol{\alpha}_2+\boldsymbol{\alpha}_3$. 证明 $\boldsymbol{\alpha}_1,\boldsymbol{\alpha}_2,\boldsymbol{\alpha}_3$ 线性无关.

3.3 向量组的秩与最大无关组

一、单选题

1. 设 $\boldsymbol{A}$ 为 n 阶方阵, $R(\boldsymbol{A})=r<n$, 则 $\boldsymbol{A}$ 的行向量组中(　　).

A. 必有 r 个行向量线性无关

B. 任意 r 个行向量线性无关

C. 任意 r 个行向量构成最大无关组

D. 任意 r 个行向量线性相关

2. 若存在矩阵 $\boldsymbol{P},\boldsymbol{Q}$, 使得 $\boldsymbol{A}=\boldsymbol{PB},\boldsymbol{B}=\boldsymbol{AQ}$, 则 $R(\boldsymbol{A})$ 和 $R(\boldsymbol{B})$ 大小为(　　).

A. $R(\boldsymbol{B})=R(\boldsymbol{A})$　　B. $R(\boldsymbol{B})>R(\boldsymbol{A})$

C. $R(\boldsymbol{B})<R(\boldsymbol{A})$　　D. 无法确定

3. 已知十维向量组 $T:\boldsymbol{\alpha}_1,\boldsymbol{\alpha}_2,\boldsymbol{\alpha}_3,\boldsymbol{\alpha}_4,\boldsymbol{\alpha}_5$, 则下列结论错误的是(　　).

A. 若 $\boldsymbol{\alpha}_1,\boldsymbol{\alpha}_2,\boldsymbol{\alpha}_3$ 线性相关,则向量组 T 的秩小于等于3

B. 若 $\boldsymbol{\alpha}_1,\boldsymbol{\alpha}_2,\boldsymbol{\alpha}_3,\boldsymbol{\alpha}_4$ 线性相关,则向量组 T 的秩小于等于4

C. 若 $\boldsymbol{\alpha}_1,\boldsymbol{\alpha}_2,\boldsymbol{\alpha}_3,\boldsymbol{\alpha}_4,\boldsymbol{\alpha}_5$ 线性无关,则向量组 T 的秩等于5

D. 若 $\boldsymbol{\alpha}_1,\boldsymbol{\alpha}_2,\boldsymbol{\alpha}_3$ 线性无关,则向量组 T 的秩大于等于3

4. 若向量组 $\boldsymbol{\alpha}_1=(1,1,1)^{\mathrm{T}},\boldsymbol{\alpha}_2=(0,1,1)^{\mathrm{T}},\boldsymbol{\alpha}_3=(0,0,1)^{\mathrm{T}}$ 能由向量组 $\boldsymbol{\beta}_1=(a_1,a_2,a_3)$, $\boldsymbol{\beta}_2=(b_1,b_2,b_3)$, $\boldsymbol{\beta}_3=(c_1,c_2,c_3)$ 线性表示,则向量组 $\boldsymbol{\beta}_1,\boldsymbol{\beta}_2,\boldsymbol{\beta}_3$ 的秩为(　　).

A. 3　　　　B. 2

C. 1　　　　D. 无法确定

二、填空题

1. 若矩阵 $\boldsymbol{A}=(\boldsymbol{\alpha}_1,\boldsymbol{\alpha}_2,\boldsymbol{\alpha}_3,\boldsymbol{\alpha}_4)$ 经过行初等变换后化为矩阵 $\boldsymbol{B}=\begin{pmatrix}1&0&0&-2\\0&2&0&1\\0&0&3&5\\0&0&0&0\end{pmatrix}$, 则向量组 $\boldsymbol{\alpha}_1,\boldsymbol{\alpha}_2,\boldsymbol{\alpha}_3,\boldsymbol{\alpha}_4$ 的一个最大无关组为____________.

2. 若向量组 $\boldsymbol{\alpha}_1=(1,2,-1,0),\boldsymbol{\alpha}_2=(1,1,0,2),\boldsymbol{\alpha}_3=(2,1,1,a)$ 的秩为2, 则 $a=$__________.

3. 若 $\boldsymbol{A}=\begin{pmatrix}1&0&1\\1&1&2\\0&-1&1\end{pmatrix}$, 三维列向量组 $\boldsymbol{\alpha}_1,\boldsymbol{\alpha}_2,\boldsymbol{\alpha}_3$ 线性无关,则向量组 $\boldsymbol{A\alpha}_1,\boldsymbol{A\alpha}_2,\boldsymbol{A\alpha}_3$ 的秩为__________.

三、计算题

1. 求下列向量组的秩和一个最大无关组.

(1) $\boldsymbol{\alpha}_1=(1,4,3)^{\mathrm{T}},\boldsymbol{\alpha}_2=(0,1,-1)^{\mathrm{T}},\boldsymbol{\alpha}_3=(-2,3,1)^{\mathrm{T}}$;

(2) $\boldsymbol{\alpha}_1=(1,0,0,2),\boldsymbol{\alpha}_2=(0,1,0,-1),\boldsymbol{\alpha}_3=(0,-1,2,1),\boldsymbol{\alpha}_4=(2,-1,1,0)$.

2. 求向量组 $\boldsymbol{\alpha}_1=(2,0,1)^{\mathrm{T}},\boldsymbol{\alpha}_2=(0,1,1)^{\mathrm{T}},\boldsymbol{\alpha}_3=(-1,1,-2)^{\mathrm{T}},\boldsymbol{\alpha}_4=(5,0,5)^{\mathrm{T}}$ 的一个最大无关组,并把其余向量用该最大无关组线性表示.

3. 设向量组 $\boldsymbol{\alpha}_1=(1,1,1,3)^{\mathrm{T}}$,$\boldsymbol{\alpha}_2=(-1,-3,5,1)^{\mathrm{T}}$,$\boldsymbol{\alpha}_3=(3,2,-1,p+2)^{\mathrm{T}}$,$\boldsymbol{\alpha}_4=(-2,-6,10,p)^{\mathrm{T}}$.

(1)当 p 为何值时,该向量组线性无关?

(2)当 p 为何值时,该向量组线性相关?并在此时求出它的秩和一个最大线性无关组.

3.4 线性方程组解的结构

一、单选题

1. 设 $\boldsymbol{A}$ 为 $m\times n$ 矩阵,则方程组 $\boldsymbol{Ax}=\boldsymbol{0}$ 仅有零解的充要条件为(　　).

A. $\boldsymbol{A}$ 的列向量组线性无关　　B. $\boldsymbol{A}$ 的列向量组线性相关

C. $\boldsymbol{A}$ 的行向量组线性无关　　D. $\boldsymbol{A}$ 的行向量组线性相关

2. 设 $\boldsymbol{\eta}_1,\boldsymbol{\eta}_2$ 是非齐次线性方程组 $\boldsymbol{Ax}=\boldsymbol{b}$ 的解,则 $\boldsymbol{Ax}=\boldsymbol{0}$ 的一个解为(　　).

A. $\boldsymbol{\eta}_1+\boldsymbol{\eta}_2$　　B. $\boldsymbol{\eta}_1+2\boldsymbol{\eta}_2$

C. $\boldsymbol{\eta}_1-\boldsymbol{\eta}_2$　　D. $\boldsymbol{\eta}_1-2\boldsymbol{\eta}_2$

3. 已知 $\boldsymbol{A}$ 为 $m\times n$ 矩阵,若 ξ_1,ξ_2,ξ_3 是齐次线性方程组的 $\boldsymbol{Ax}=\boldsymbol{0}$ 的一个基础解系,则下列结论中错误的是(　　).

A. ξ_1,ξ_2,ξ_3 线性无关

B. $\xi_1+\xi_2+\xi_3$ 是 $\boldsymbol{Ax}=\boldsymbol{0}$ 的一个非零解

C. $R(\boldsymbol{A})=m-3$

D. $\xi_1,\xi_1+\xi_2,\xi_1+\xi_2+\xi_3$ 也是 $\boldsymbol{Ax}=\boldsymbol{0}$ 的一个基础解系

4. 已知 $\boldsymbol{\xi}_1,\boldsymbol{\xi}_2,\boldsymbol{\xi}_3$ 是三元非齐次线性方程组 $\boldsymbol{Ax}=\boldsymbol{b}$ 的 3 个两两不相等的解，且 $\boldsymbol{\xi}_1=(1,1,0)^{\mathrm{T}}$，$\boldsymbol{\xi}_2+\boldsymbol{\xi}_3=(1,3,2)^{\mathrm{T}}$，若 $R(\boldsymbol{A})=2$，则下列结论正确的是(　　).

①$\boldsymbol{\xi}_2+\boldsymbol{\xi}_3-\boldsymbol{\xi}_1=(0,2,2)^{\mathrm{T}}$ 是非齐次线性方程组 $\boldsymbol{Ax}=\boldsymbol{b}$ 的一个解

②$\boldsymbol{\xi}_2+\boldsymbol{\xi}_3-2\boldsymbol{\xi}_1=(-1,1,2)^{\mathrm{T}}$ 是齐次线性方程组 $\boldsymbol{Ax}=\boldsymbol{0}$ 的基础解系

③$\frac{1}{3}(\boldsymbol{\xi}_1+\boldsymbol{\xi}_2+\boldsymbol{\xi}_3)$ 是非齐次线性方程组 $\boldsymbol{Ax}=\boldsymbol{b}$ 的一个解

④非齐次线性方程组 $\boldsymbol{Ax}=\boldsymbol{b}$ 的通解为 $\boldsymbol{X}=\begin{pmatrix}1\\1\\0\end{pmatrix}+k\begin{pmatrix}1\\-1\\-2\end{pmatrix}(k\in\mathbf{R})$

A. ①②③④　　　　B. ①②③

C. ②③④　　　　D. ①③④

5. 已知 $\boldsymbol{A}\neq\boldsymbol{O}$，若 $\xi_1=\begin{pmatrix}2\\0\\-1\end{pmatrix}$，$\xi_2=\begin{pmatrix}0\\-1\\1\end{pmatrix}$ 是齐次线性方程组 $\boldsymbol{Ax}=\boldsymbol{0}$ 的解，则 $R(\boldsymbol{A})=$ (　　).

A. 1　　　　B. 2

C. 3　　　　D. 0

二、填空题

1. 已知 $\boldsymbol{A}=(\boldsymbol{\alpha}_1,\boldsymbol{\alpha}_2,\boldsymbol{\alpha}_3,\boldsymbol{\alpha}_4)$ 为四阶方阵，$\boldsymbol{\alpha}_2,\boldsymbol{\alpha}_3,\boldsymbol{\alpha}_4$ 线性无关，$\boldsymbol{\alpha}_1=2\boldsymbol{\alpha}_2-\boldsymbol{\alpha}_3$，则矩阵 $\boldsymbol{A}$ 的秩 $R(\boldsymbol{A})=$ ________.

2. 已知 $\boldsymbol{A},\boldsymbol{B}$ 均为 n 阶方阵，$R(\boldsymbol{A})=3$，若 $\boldsymbol{AB}=\boldsymbol{O}$，则 $R(\boldsymbol{B})\leqslant$ ________.

3. 当 λ 满足条件________时，齐次线性方程组 $\begin{cases}2x_1-x_2+x_3=0\\x_1+\lambda x_2-x_3=0\\\lambda x_1+x_2+x_3=0\end{cases}$ 有非零解.

4. 已知 $\boldsymbol{A}=\begin{pmatrix}1&2&-2\\4&k&3\\3&-1&1\end{pmatrix}$，$\boldsymbol{B}$ 为三阶非零方阵，且 $\boldsymbol{AB}=\boldsymbol{O}$，则 $k=$ ________.

5. 已知 $\boldsymbol{A}=(\boldsymbol{\alpha}_1,\boldsymbol{\alpha}_2,\boldsymbol{\alpha}_3,\boldsymbol{\alpha}_4)$ 为四阶方阵，若 $(1,0,2,0)^{\mathrm{T}}$ 是 $\boldsymbol{Ax}=\boldsymbol{0}$ 的一个基础解系，则向量组 $\boldsymbol{\alpha}_1,\boldsymbol{\alpha}_2,\boldsymbol{\alpha}_3,\boldsymbol{\alpha}_4$ 的一个最大无关组为__________.

三、计算题

1. 计算下列线性方程组的通解.

(1)求齐次线性方程组的通解(用基础解系表示) $x_1+2x_2-3x_3=0$；

(2)求齐次线性方程组的通解(用基础解系表示)$\begin{cases} x_1+3x_2-5x_3+x_4=0 \\ x_1+2x_2+x_4=0 \\ 3x_1+2x_2-4x_3+3x_4=0 \end{cases}$;

(3)求非齐次线性方程组的通解(要求写出方程组的基础解系)$\begin{cases} x_1+x_3=1 \\ x_1+2x_2+x_3=3 \end{cases}$;

(4)求非齐次线性方程组的通解(要求写出方程组的基础解系)$\begin{cases} x_1+x_2-3x_3-x_4=1 \\ x_1+3x_2-9x_3-7x_4=1 \\ 3x_1+x_2-3x_3+3x_4=3 \end{cases}$.

2. 已知$\boldsymbol{\gamma}_1,\boldsymbol{\gamma}_2,\boldsymbol{\gamma}_3$是四元非齐次线性方程组的$\boldsymbol{Ax}=\boldsymbol{b}$的3个解向量,其中$R(\boldsymbol{A})=3$,

$$\boldsymbol{\gamma}_1+\boldsymbol{\gamma}_2=\begin{pmatrix}0\\-2\\2\\4\end{pmatrix},\boldsymbol{\gamma}_2+\boldsymbol{\gamma}_3=\begin{pmatrix}1\\0\\1\\3\end{pmatrix}$$,求$\boldsymbol{Ax}=\boldsymbol{b}$的通解.

3. 已知$\boldsymbol{A}=(\boldsymbol{\alpha}_1,\boldsymbol{\alpha}_2,\boldsymbol{\alpha}_3,\boldsymbol{\alpha}_4)$为四阶方阵,$\boldsymbol{\alpha}_2,\boldsymbol{\alpha}_3,\boldsymbol{\alpha}_4$线性无关,$\boldsymbol{\alpha}_1=2\boldsymbol{\alpha}_2-\boldsymbol{\alpha}_3$,若$\boldsymbol{\beta}=\boldsymbol{\alpha}_1+\boldsymbol{\alpha}_2+\boldsymbol{\alpha}_3+\boldsymbol{\alpha}_4$,求线性方程组$\boldsymbol{Ax}=\boldsymbol{\beta}$的通解.

四、证明题

设$\boldsymbol{A}$为n阶方阵,$\boldsymbol{I}$为单位矩阵,且$\boldsymbol{A}^2-\boldsymbol{A}=2\boldsymbol{I}$,证明$R(2\boldsymbol{I}-\boldsymbol{A})+R(\boldsymbol{I}+\boldsymbol{A})=n$.

单元复习题(三)

一、单选题

1. 设矩阵 $\boldsymbol{A},\boldsymbol{B}$ 为满足 $\boldsymbol{A}^{\mathrm{T}}\boldsymbol{B}=\boldsymbol{O}$ 的两个非零矩阵,则必有(　　).

A. 矩阵 $\boldsymbol{A}$ 的列向量组线性相关,矩阵 $\boldsymbol{B}$ 的列向量组线性相关

B. 矩阵 $\boldsymbol{A}$ 的列向量组线性相关,矩阵 $\boldsymbol{B}$ 的行向量组线性相关

C. 矩阵 $\boldsymbol{A}$ 的行向量组线性相关,矩阵 $\boldsymbol{B}$ 的行向量组线性相关

D. 矩阵 $\boldsymbol{A}$ 的行向量组线性相关,矩阵 $\boldsymbol{B}$ 的列向量组线性相关

2. 向量组 $\boldsymbol{\alpha}_1,\boldsymbol{\alpha}_2,\cdots,\boldsymbol{\alpha}_n$ 线性相关的充要条件为(　　).

A. 存在一组数 $k_1=k_2=\cdots=k_n=0$, 使得 $k_1\boldsymbol{\alpha}_1+k_2\boldsymbol{\alpha}_2+\cdots+k_n\boldsymbol{\alpha}_n=\boldsymbol{0}$

B. 存在一组不全为零的数 $k_1,k_2,\cdots,k_n$, 使得 $k_1\boldsymbol{\alpha}_1+k_2\boldsymbol{\alpha}_2+\cdots+k_n\boldsymbol{\alpha}_n=\boldsymbol{0}$

C. 对于任何一组不全为零的数 $k_1,k_2,\cdots,k_n$, 都有 $k_1\boldsymbol{\alpha}_1+k_2\boldsymbol{\alpha}_2+\cdots+k_n\boldsymbol{\alpha}_n\neq\boldsymbol{0}$

D. 向量组 $\boldsymbol{\alpha}_1,\boldsymbol{\alpha}_2,\cdots,\boldsymbol{\alpha}_n$ 的秩为 $n-1$

3. 下列说法正确的是(　　).

①向量组线性相关的充要条件是向量组含有零向量

②两个向量线性相关的充要条件是它们各分量对应成比例

③在 $\mathbf{R}^4$ 中的向量组 $\boldsymbol{\alpha}_1,\boldsymbol{\alpha}_2,\boldsymbol{\alpha}_3,\boldsymbol{\alpha}_4,\boldsymbol{\alpha}_5$ 线性相关

④设 n 维列向量组 $\boldsymbol{\alpha}_1,\boldsymbol{\alpha}_2,\cdots,\boldsymbol{\alpha}_m$, 且 $m>n$, 则矩阵 $\boldsymbol{A}=(\boldsymbol{\alpha}_1,\boldsymbol{\alpha}_2,\cdots,\boldsymbol{\alpha}_m)$ 的秩小于等于 n

⑤齐次线性方程组 $\boldsymbol{Ax}=\boldsymbol{0}$ 一定有一个基础解系

A. ②③④　　　　B. ①②③④

C. ①③④　　　　D. ③④⑤

4. 设 $\boldsymbol{A}$ 是 $m\times n$ 矩阵,齐次线性方程组 $\boldsymbol{Ax}=\boldsymbol{0}$ 的基础解系中有 k 个解向量,则齐次线性方程组 $\boldsymbol{A}^{\mathrm{T}}\boldsymbol{y}=\boldsymbol{0}$ 的基础解系中解向量的个数为(　　).

A. $m-n+k$　　　　B. $n-m+k$

C. $n-m-k$　　　　D. $n+m+k$

5. 设三维列向量 $\boldsymbol{\alpha}_1,\boldsymbol{\alpha}_2,\boldsymbol{\alpha}_3$ 线性无关,$\boldsymbol{A}$ 是三阶方阵,且有 $\boldsymbol{A\alpha}_1=\boldsymbol{\alpha}_1+2\boldsymbol{\alpha}_2+3\boldsymbol{\alpha}_3$,$\boldsymbol{A\alpha}_2=3\boldsymbol{\alpha}_2+2\boldsymbol{\alpha}_3$,$\boldsymbol{A\alpha}_3=-3\boldsymbol{\alpha}_2+4\boldsymbol{\alpha}_3$, 则 $|\boldsymbol{A}|=$(　　).

A. -17　　　　B. 18

C. 12　　　　D. -12

二、填空题

1. 设五维向量组 $\boldsymbol{\alpha}_1,\boldsymbol{\alpha}_2,\boldsymbol{\alpha}_3,\boldsymbol{\alpha}_4,\boldsymbol{\alpha}_5$, 令 $\boldsymbol{A}=(\boldsymbol{\alpha}_1,\boldsymbol{\alpha}_2,\boldsymbol{\alpha}_3,\boldsymbol{\alpha}_4,\boldsymbol{\alpha}_5)$ 且齐次线性方程组 $\boldsymbol{Ax}=\boldsymbol{0}$ 的通解为 $\boldsymbol{X}=k(1,0,2,0,0)^{\mathrm{T}}$, 则 $R(\boldsymbol{A})=$ ____________.

2. 已知向量组 $\boldsymbol{\alpha}_1=(1,2,4)^{\mathrm{T}},\boldsymbol{\alpha}_2=(2,0,t)^{\mathrm{T}},\boldsymbol{\alpha}_3=(3,8,10)^{\mathrm{T}}$ 线性相关，则 $t=$ ________，且 $\boldsymbol{\alpha}_3=(\quad)\boldsymbol{\alpha}_1+(\quad)\boldsymbol{\alpha}_2$.

3. 已知向量组(Ⅰ) $\boldsymbol{\alpha}_1,\boldsymbol{\alpha}_2,\boldsymbol{\alpha}_3$ 和向量组(Ⅱ) $\boldsymbol{\alpha}_1,\boldsymbol{\alpha}_2,\boldsymbol{\alpha}_3,\boldsymbol{\alpha}_4$ 的秩均为3，向量组 $\boldsymbol{\alpha}_1,\boldsymbol{\alpha}_2,\boldsymbol{\alpha}_3,\boldsymbol{\alpha}_5$ 的秩为4，则向量组 $\boldsymbol{\alpha}_1,\boldsymbol{\alpha}_2,\boldsymbol{\alpha}_3,\boldsymbol{\alpha}_5-\boldsymbol{\alpha}_4$ 的秩为________.

4. 已知五阶方阵 $\boldsymbol{A}$ 的列向量组 $\boldsymbol{\alpha}_1,\boldsymbol{\alpha}_2,\boldsymbol{\alpha}_3,\boldsymbol{\alpha}_4,\boldsymbol{\alpha}_5$ 线性无关. 若向量 $\boldsymbol{\beta}=\boldsymbol{\alpha}_1+\boldsymbol{\alpha}_2+\boldsymbol{\alpha}_3+\boldsymbol{\alpha}_4+\boldsymbol{\alpha}_5$，则线性方程组 $\boldsymbol{Ax}=\boldsymbol{\beta}$ 的解为________________.

5. 已知向量组(Ⅰ) $\boldsymbol{\alpha}_1,\boldsymbol{\alpha}_2,\boldsymbol{\alpha}_3$ 和向量组(Ⅱ) $\boldsymbol{\alpha}_1+\boldsymbol{\alpha}_2,2\boldsymbol{\alpha}_2+\boldsymbol{\alpha}_3,3\boldsymbol{\alpha}_3+\boldsymbol{\alpha}_1$ 都是 $\mathbf{R}^3$ 的一组基，则从(Ⅰ)到(Ⅱ)的过渡矩阵 $\boldsymbol{P}=$ ____________.

三、计算题

1. 已知 $\boldsymbol{\alpha}_1=(\lambda,0,\lambda)^{\mathrm{T}},\boldsymbol{\alpha}_2=(\lambda,\lambda-1,\lambda)^{\mathrm{T}},\boldsymbol{\alpha}_3=(2,1,\lambda+3)^{\mathrm{T}},\boldsymbol{\alpha}_4=(1,0,2\lambda-1)^{\mathrm{T}}$，问 λ 取何值时：

(1) $\boldsymbol{\alpha}_4$ 可由向量组 $\boldsymbol{\alpha}_1,\boldsymbol{\alpha}_2,\boldsymbol{\alpha}_3$ 线性表示，且表达式唯一？

(2) $\boldsymbol{\alpha}_4$ 可由向量组 $\boldsymbol{\alpha}_1,\boldsymbol{\alpha}_2,\boldsymbol{\alpha}_3$ 线性表示，且表达式不唯一？

(3) $\boldsymbol{\alpha}_4$ 不能由向量组 $\boldsymbol{\alpha}_1,\boldsymbol{\alpha}_2,\boldsymbol{\alpha}_3$ 线性表示？

2. 求向量组 $\boldsymbol{\alpha}_1=(1,0,2,0)^{\mathrm{T}},\boldsymbol{\alpha}_2=(0,3,1,0)^{\mathrm{T}},\boldsymbol{\alpha}_3=(3,3,7,0)^{\mathrm{T}},\boldsymbol{\alpha}_4=(-1,1,2,-4)^{\mathrm{T}},\boldsymbol{\alpha}_5=(2,3,5,0)^{\mathrm{T}}$ 的一个最大无关组，并把其余向量用该最大无关组线性表示.

3. 已知 $\boldsymbol{\alpha}_1=(0,1,0)^{\mathrm{T}},\boldsymbol{\alpha}_2=(-3,2,2)^{\mathrm{T}}$ 是线性方程组 $\begin{cases}x_1-x_2+2x_3=-1\\3x_1+x_2+4x_3=1\\ax_1+bx_2+cx_3=d\end{cases}$ 的两个

解，求：

(1)系数矩阵 $\boldsymbol{A}$ 的秩；

(2)方程组的通解.

4. 已知 $\boldsymbol{A}=(\boldsymbol{\alpha}_1,\boldsymbol{\alpha}_2,\boldsymbol{\alpha}_3,\boldsymbol{\alpha}_4)$ 为四阶方阵，$\boldsymbol{A}^*$ 为 $\boldsymbol{A}$ 的伴随矩阵，若 $(1,0,2,0)^{\mathrm{T}}$ 是线性方程组 $\boldsymbol{A}\boldsymbol{x}=\boldsymbol{0}$ 的一个基础解系，求方程组 $\boldsymbol{A}^*\boldsymbol{x}=\boldsymbol{0}$ 的基础解系.

5. 已知 $\boldsymbol{A}$ 为三阶方阵，$\boldsymbol{\alpha}$ 为三维列向量，若向量组 $\boldsymbol{\alpha},\boldsymbol{A}\boldsymbol{\alpha},\boldsymbol{A}^2\boldsymbol{\alpha}$ 线性无关，且 $\boldsymbol{A}^3\boldsymbol{\alpha}=5\boldsymbol{A}\boldsymbol{\alpha}-3\boldsymbol{A}^2\boldsymbol{\alpha}$，求矩阵 $\boldsymbol{B}=(\boldsymbol{\alpha},\boldsymbol{A}\boldsymbol{\alpha},\boldsymbol{A}^4\boldsymbol{\alpha})$ 的秩.

四、证明题

设非齐次线性方程组 $\boldsymbol{A}\boldsymbol{x}=\boldsymbol{b}$ 的一个特解为 $\boldsymbol{\eta}$，对应的齐次线性方程组 $\boldsymbol{A}\boldsymbol{x}=\boldsymbol{0}$ 的基础解系为 $\boldsymbol{\xi}_1,\boldsymbol{\xi}_2,\cdots,\boldsymbol{\xi}_{n-r}$. 证明：(1) $\boldsymbol{\eta},\boldsymbol{\xi}_1,\boldsymbol{\xi}_2,\cdots,\boldsymbol{\xi}_{n-r}$ 线性无关；(2) $\boldsymbol{\eta},\boldsymbol{\eta}+\boldsymbol{\xi}_1,\boldsymbol{\eta}+2\boldsymbol{\xi}_2,\boldsymbol{\eta}+3\boldsymbol{\xi}_3,\cdots,\boldsymbol{\eta}+(n-r)\boldsymbol{\xi}_{n-r}$ 线性无关.

五、应用题

在医药、冶金、化工、食品等行业中经常涉及配方问题，现以某特效药的配制为例. 某药厂用 5 种中草药（A，B，C，D，E）按照不同的比例制造 4 种特效药. 其配方见表 3.1.

表 3.1　4 种特效药配方

单位：g

中　药	1 号特效药	2 号特效药	3 号特效药	4 号特效药
A	10	2	14	12
B	12	0	12	25
C	5	3	11	0
D	7	9	25	5
E	25	5	35	5

试求：

（1）某医院需要购买这 4 种特效药，但药厂的 3 号特效药现已脱销，能否用其他特效药配制出 3 号特效药？

（2）该医院想用这 4 种特效药配制新的特效药（A：40 g，B：62 g，C：14 g，D：44 g，E：50 g），能否配制？应如何配制？

第 4 章

特征值与特征向量

4.1 特征值与特征向量的概念与计算

一、单选题

1. 已知 $\boldsymbol{\alpha}$ 为矩阵 $\boldsymbol{A}$ 对应于特征值 λ 的一个特征向量,则下列结论错误的是(　　).

A. $\boldsymbol{\alpha}$ 为矩阵 $2\boldsymbol{A}$ 对应于特征值 2λ 的一个特征向量

B. $\boldsymbol{\alpha}$ 为矩阵 $\boldsymbol{A}^3$ 对应于特征值 λ^3 的一个特征向量

C. $\boldsymbol{A}^3 + 2\boldsymbol{A} + \boldsymbol{I}$ 的一个特征值为 $\lambda^3 + 2\lambda + 1$

D. $\boldsymbol{\alpha}$ 为矩阵 $\boldsymbol{A}^{\mathrm{T}}$ 对应于特征值 λ 的一个特征向量

2. 已知 $\boldsymbol{\alpha} = (1, -2, 3)^{\mathrm{T}}$ 是矩阵 $\boldsymbol{A} = \begin{pmatrix} 3 & 2 & -1 \\ a & -2 & 2 \\ 3 & b & -1 \end{pmatrix}$ 的特征向量,则(　　).

A. $a = -2, b = 6$　　B. $a = 2, b = -6$

C. $a = 2, b = 6$　　D. $a = -2, b = -6$

3. 已知 $\boldsymbol{A}$ 为 n 阶矩阵,$\boldsymbol{P}$ 为 n 阶可逆矩阵,$\boldsymbol{\alpha}$ 为矩阵 $\boldsymbol{A}$ 属于特征值 λ 的特征向量,则下列矩阵中

① $\boldsymbol{A}^2$; ② $\boldsymbol{P}^{-1}\boldsymbol{A}\boldsymbol{P}$; ③ $\boldsymbol{A}^{\mathrm{T}}$; ④ $\boldsymbol{I} - 2\boldsymbol{A}$

向量 $\boldsymbol{\alpha}$ 肯定是其特征向量的有(　　)个.

A. 1　　B. 2

C. 3　　D. 4

4. 设三阶方阵 $\boldsymbol{A}$ 的特征值分别为 $\frac{1}{2}, \frac{1}{4}, 3$, 则 $\boldsymbol{A}^{-1}$ 的特征值为(　　).

A. $2,4,\frac{1}{3}$　　B. $\frac{1}{2},\frac{1}{4},\frac{1}{3}$

C. $\frac{1}{2},\frac{1}{4},3$　　D. $2,4,3$

5. 设 $\boldsymbol{A}$ 为三阶矩阵，$\boldsymbol{I}$ 为三阶单位矩阵，若行列式 $|2\boldsymbol{I}-3\boldsymbol{A}|=0$，则 $\boldsymbol{A}$ 的一个特征值为（　　）.

A. $\frac{3}{2}$　　B. $\frac{2}{3}$

C. $-\frac{2}{3}$　　D. $-\frac{3}{2}$

6. 设 $\boldsymbol{A}$ 为三阶矩阵，且 $|\boldsymbol{A}+\boldsymbol{I}|=0$，$|\boldsymbol{A}+2\boldsymbol{I}|=0$，$|\boldsymbol{A}-3\boldsymbol{I}|=0$，则 $|\boldsymbol{A}|=$（　　）.

A. 1　　B. 2

C. 3　　D. 6

7. 设 λ 为 n 阶可逆矩阵 $\boldsymbol{A}$ 的一个特征值，则 $\boldsymbol{A}^*$ 一定有特征值（　　）.

A. $|\boldsymbol{A}|^{n-1}\lambda^{-1}$　　B. $|\boldsymbol{A}|\lambda^{-1}$

C. $|\boldsymbol{A}|^{n-1}\lambda$　　D. $|\boldsymbol{A}|\lambda$

二、填空题

1. 对角矩阵 $\boldsymbol{A}=\begin{pmatrix}1&&\\&2&\\&&3\end{pmatrix}$ 的特征值为__________.

2. 设矩阵 $\boldsymbol{A}=\begin{pmatrix}a&1&c\\0&b&0\\-4&c&1-a\end{pmatrix}$，有一个特征向量 $\lambda=2$，相应的特征向量为 $\boldsymbol{\alpha}=\begin{pmatrix}1\\2\\2\end{pmatrix}$，则 $a=$________；$b=$________；$c=$________.

3. 已知三阶方阵 $\boldsymbol{A}$ 的 3 个特征值为 $1,2,-3$，则 $|\boldsymbol{A}|=$________，$\boldsymbol{A}^{-1}$ 的特征值为________，$\boldsymbol{A}^{\mathrm{T}}$ 的特征值为________.

4. 设矩阵 $\boldsymbol{A}=\begin{pmatrix}a&0&b\\0&2&0\\b&0&-2\end{pmatrix}$ 的一个特征值为 $\lambda_1=-3$，且 $\boldsymbol{A}$ 的 3 个特征值之积为 -12，则 $a=$________；$b=$________；$\boldsymbol{A}$ 的其他特征值为________.

5. 设矩阵 $\boldsymbol{A}=\begin{pmatrix}1&0&1\\0&2&0\\1&0&a\end{pmatrix}$ 有一特征值为 0，则 $a=$________，$\boldsymbol{A}$ 的另一特征值为________.

6. 设三阶矩阵 $\boldsymbol{A}$ 的特征值为 $1,-1,2$，则 $|\boldsymbol{A}^*+3\boldsymbol{A}-2\boldsymbol{I}|=$________.

7. 设 $\boldsymbol{A}$ 是三阶矩阵，它的各行元素之和都为 3，若 $\boldsymbol{\alpha}_1=(-1,2,-1)^{\mathrm{T}}$，$\boldsymbol{\alpha}_2=(0,-1,1)^{\mathrm{T}}$

都是 $\boldsymbol{Ax}=\boldsymbol{0}$ 的解,则 $\boldsymbol{A}$ 的特征值为__________.

8. 矩阵 $\boldsymbol{A}$ 的 3 个特征值互不相等,并且 $|\boldsymbol{A}|=0$, 则 $R(\boldsymbol{A})=$__________.

三、计算题

1. 求矩阵 $\begin{pmatrix}0 & 0 & 1\\ 0 & 1 & 0\\ 1 & 0 & 0\end{pmatrix}$ 的特征向量.

2. 设 $\boldsymbol{A}=\begin{pmatrix}2 & -1 & -1\\ 0 & -1 & 0\\ 0 & 2 & 1\end{pmatrix}$,求 $\boldsymbol{A}$ 的特征值与特征向量.

3. 已知 $\boldsymbol{\alpha}=(1,1,-1)^{\mathrm{T}}$ 是 $\boldsymbol{A}=\begin{pmatrix}2 & -1 & 2\\ 5 & a & 3\\ -1 & b & -2\end{pmatrix}$ 的特征向量,求 a,b 和 $\boldsymbol{\alpha}$ 对应的特征值 λ.

四、证明题

设方阵 $\boldsymbol{A}$ 满足条件 $\boldsymbol{A}^{\mathrm{T}}\mathbf{A}=\boldsymbol{I}$, 其中 $\boldsymbol{A}^{\mathrm{T}}$ 是 $\boldsymbol{A}$ 的转置矩阵,$\boldsymbol{I}$ 为单位矩阵. 试证明 $\boldsymbol{A}$ 的实特征向量所对应的特征值的绝对值等于 1.

4.2　矩阵的相似对角化

一、单选题

1. 方阵 $\boldsymbol{A}$ 与 $\boldsymbol{B}$ 相似的充分条件是(　　).

A. $|\boldsymbol{A}|=|\boldsymbol{B}|$

B. $R(\boldsymbol{A})=R(\boldsymbol{B})$

C. $\boldsymbol{A}$ 与 $\boldsymbol{B}$ 有相同的特征值且这些特征值互异

D. $\boldsymbol{A}$ 与 $\boldsymbol{B}$ 有相同的特征值

2. 已知 $\boldsymbol{A},\boldsymbol{B}$ 相似,且 $\boldsymbol{P}^{-1}\boldsymbol{A}\boldsymbol{P}=\boldsymbol{B}$. 若 λ_0 为 $\boldsymbol{A}$ 的特征值,$\boldsymbol{\alpha}$ 为与其对应的 $\boldsymbol{A}$ 的特征向量,则 $\boldsymbol{B}$ 对应于 λ_0 的特征向量为(　　).

A. $\boldsymbol{\alpha}$　　　　B. $\boldsymbol{P}^{-1}\boldsymbol{\alpha}$

C. $\boldsymbol{P}\boldsymbol{\alpha}$　　　　D. $\boldsymbol{P}^{\mathrm{T}}\boldsymbol{\alpha}$

3. 下列矩阵中不能相似对角化的是(　　).

A. $\begin{pmatrix}1&2&0\\2&0&3\\0&3&0\end{pmatrix}$　　　　B. $\begin{pmatrix}0&0&0\\1&0&0\\0&2&3\end{pmatrix}$

C. $\begin{pmatrix}0&0&0\\0&1&0\\0&2&3\end{pmatrix}$　　　　D. $\begin{pmatrix}0&0&0\\0&0&0\\1&2&3\end{pmatrix}$

4. 设 $\boldsymbol{A}$ 是三阶奇异矩阵且 $\boldsymbol{A}+\boldsymbol{I},2\boldsymbol{I}-\boldsymbol{A}$ 均不可逆,则 $\boldsymbol{A}$ 相似于(　　).

A. $\begin{pmatrix}0&&\\&1&\\&&-1\end{pmatrix}$　　　　B. $\begin{pmatrix}-1&&\\&2&\\&&1\end{pmatrix}$

C. $\begin{pmatrix} -1 & & \\ & 0 & \\ & & 2 \end{pmatrix}$　　D. $\begin{pmatrix} 0 & & \\ & 1 & \\ & & -2 \end{pmatrix}$

5. n 阶矩阵 $\boldsymbol{A}$ 与对角矩阵相似的充分必要条件是(　　).

A. 矩阵 $\boldsymbol{A}$ 有 n 个特征值　　B. 矩阵 $\boldsymbol{A}$ 有 n 个线性无关的特征向量

C. $|\boldsymbol{A}| \neq \boldsymbol{0}$　　D. 矩阵 $\boldsymbol{A}$ 的特征多项式没有重根

6. n 阶矩阵 $\boldsymbol{A}$ 仅有 λ_0 为其 k 重特征值,其余特征值均不为重特征值. 若 $\boldsymbol{A}$ 可以对角化,则 $R(\boldsymbol{A}-\lambda_0\boldsymbol{I})=$(　　).

A. $n-k$　　B. n

C. k　　D. $k-n$

7. 与对角矩阵 $\boldsymbol{\Lambda}=\begin{pmatrix} 1 & & \\ & 1 & \\ & & 2 \end{pmatrix}$ 相似的矩阵是(　　).

A. $\begin{pmatrix} 1 & 1 & 0 \\ 0 & 1 & 0 \\ 0 & 0 & 2 \end{pmatrix}$　　B. $\begin{pmatrix} 1 & 0 & 0 \\ 0 & 1 & 1 \\ 0 & 0 & 2 \end{pmatrix}$

C. $\begin{pmatrix} 1 & 1 & 1 \\ 0 & 1 & 0 \\ 0 & 0 & 2 \end{pmatrix}$　　D. $\begin{pmatrix} 1 & 0 & 0 \\ 1 & 1 & 0 \\ 1 & -1 & 2 \end{pmatrix}$

8. 若三阶矩阵 $\boldsymbol{A}$ 的 3 个特征值分别为 $0,-1,1$,其对应的特征向量为 $\boldsymbol{p}_1,\boldsymbol{p}_2,\boldsymbol{p}_3$. 设 $\boldsymbol{P}=(\boldsymbol{p}_1,\boldsymbol{p}_2,\boldsymbol{p}_3)$, 则下列等式错误的是(　　).

A. $\boldsymbol{P}^{-1}\boldsymbol{A}\boldsymbol{P}=\begin{pmatrix} 0 & 0 & 0 \\ 0 & -1 & 0 \\ 0 & 0 & 1 \end{pmatrix}$　　B. $\boldsymbol{A}=\boldsymbol{P}\begin{pmatrix} 0 & 0 & 0 \\ 0 & -1 & 0 \\ 0 & 0 & 1 \end{pmatrix}\boldsymbol{P}^{-1}$

C. $\boldsymbol{P}^{-1}\boldsymbol{A}\boldsymbol{P}=\begin{pmatrix} 0 & 0 & 0 \\ 0 & 1 & 0 \\ 0 & 0 & -1 \end{pmatrix}$　　D. $\boldsymbol{A}\boldsymbol{p}_1=\boldsymbol{0}$

9. 设 n 阶方阵 $\boldsymbol{A}$ 相似于某对角矩阵 $\boldsymbol{\Lambda}$,则(　　).

A. $R(\boldsymbol{A})=n$　　B. $\boldsymbol{A}$ 有不同的特征值

C. $\boldsymbol{A}$ 是实对称矩阵　　D. $\boldsymbol{A}$ 有 n 个线性无关的特征向量

10. 设三阶方阵 $\boldsymbol{A}$ 与 $\boldsymbol{B}$ 相似,且 $|\lambda\boldsymbol{I}-\boldsymbol{A}|=(\lambda-2)^2(\lambda+1)$, 则 $|\boldsymbol{B}|=$(　　).

A. 4　　B. -4

C. -2　　D. 2

二、填空题

1. 设矩阵 $\boldsymbol{A}=\begin{pmatrix} 1 & -2 & 0 \\ -2 & -2 & 0 \\ 0 & 0 & 4 \end{pmatrix}$ 与 $\boldsymbol{B}=\begin{pmatrix} 2 & 0 & 0 \\ 0 & y & 0 \\ 0 & 0 & 4 \end{pmatrix}$ 相似,则 $y=$__________.

2. 若 $\boldsymbol{A}=\begin{pmatrix}3&1&2\\0&2&a\\0&0&3\end{pmatrix}$ 与对角矩阵相似，则 $a=$________________.

3. 设三阶矩阵 $\boldsymbol{A}$ 与 $\boldsymbol{B}$ 相似，且 $f(\lambda)=|\boldsymbol{A}-\lambda\boldsymbol{I}|=(\lambda-2)^2(\lambda+1)$，则 $\boldsymbol{B}$ 的主对角线上的元素之和为________________.

4. 设三阶矩阵 $\boldsymbol{A}$ 与 $\boldsymbol{B}$ 相似，且 $\boldsymbol{A}$ 的特征值为 1,2,3. 则 $|(2\boldsymbol{B})^*-\boldsymbol{I}|=$__________.

三、计算题

1. 判断矩阵 $\boldsymbol{A}_1=\begin{pmatrix}2&0&0\\1&2&-1\\-1&0&3\end{pmatrix}$，$\boldsymbol{A}_2=\begin{pmatrix}-1&1&0\\-4&3&0\\1&0&2\end{pmatrix}$，$\boldsymbol{A}_3=\begin{pmatrix}1&2&2\\2&1&-2\\-2&-2&1\end{pmatrix}$ 是否可相似对角化.

2. 已知矩阵 $\boldsymbol{A}=\begin{pmatrix}7&4&-1\\4&7&-1\\-4&-4&x\end{pmatrix}$ 的特征值为 3,3,12.

(1) 求 x 的值和 $\boldsymbol{A}$ 的全部特征向量；

(2) 判断矩阵 $\boldsymbol{A}$ 是否可以对角化，如果可以对角化，试给出可逆矩阵 $\boldsymbol{P}$ 与对角矩阵 $\boldsymbol{\Lambda}$，使得 $\boldsymbol{P}^{-1}\boldsymbol{A}\boldsymbol{P}=\boldsymbol{\Lambda}$.

3. 已知三阶矩阵 $\boldsymbol{A}$ 的特征值分别为 $\lambda_1=1,\lambda_2=0,\lambda_3=-1$，对应的特征向量依次为 $\boldsymbol{\alpha}_1=(1,2,2)^{\mathrm{T}},\boldsymbol{\alpha}_2=(2,-2,1)^{\mathrm{T}},\boldsymbol{\alpha}_3=(-2,-1,2)^{\mathrm{T}}$.

(1)给出可逆矩阵 $\boldsymbol{P}$ 与对角矩阵 $\boldsymbol{\Lambda}$，使得 $\boldsymbol{P}^{-1}\boldsymbol{A}\boldsymbol{P}=\boldsymbol{\Lambda}$；

(2)求矩阵 $\boldsymbol{A}$.

4. 设 $\boldsymbol{A}=\begin{pmatrix}0&0&1\\x&1&y\\1&0&0\end{pmatrix}$ 有 3 个线性无关的特征向量.

(1)求 x 和 y 应满足的条件；

(2)若 $x=1$，求可逆矩阵 $\boldsymbol{P}$，使得 $\boldsymbol{P}^{-1}\boldsymbol{A}\boldsymbol{P}$ 为对角矩阵.

5. 已知 $A = \begin{pmatrix} 2 & -1 & 2 \\ 5 & a & 3 \\ -1 & b & -2 \end{pmatrix}$ 的一个特征向量 $\boldsymbol{\xi} = (1, 1, -1)^T$.

(1)确定 a, b 的值及 $\boldsymbol{\xi}$ 对应的特征值;

(2)A 能否相似于对角矩阵？说明理由.

4.3　n 维向量空间的正交性

一、单选题

1. 设 $\boldsymbol{\alpha}, \boldsymbol{\beta} \in R^3$, 以下哪些函数 $(\boldsymbol{\alpha}, \boldsymbol{\beta})$ 定义了 R^3 的一个内积？(　　)

A. $(\boldsymbol{\alpha}, \boldsymbol{\beta}) = a_1b_1 + a_2b_2 + a_3b_3 + 2a_2b_3 - 2a_3b_2$

B. $(\boldsymbol{\alpha}, \boldsymbol{\beta}) = a_1b_1 + a_2b_2 + a_3b_3 - a_2b_3 - a_3b_2$

C. $(\boldsymbol{\alpha}, \boldsymbol{\beta}) = a_1^2b_1^2 + a_2^2b_2^2 + a_3^2b_3^2$

D. $(\boldsymbol{\alpha}, \boldsymbol{\beta}) = a_1b_1 + a_3b_3$

2. 在 R^3 中,与向量 $\boldsymbol{\alpha}_1 = (1,1,1), \boldsymbol{\alpha}_2 = (1,2,1)$ 都正交的单位向量是(　　).

A. $(-1,0,1)$　　　　B. $\frac{1}{\sqrt{2}}(-1,0,1)$

C. $(1,0,-1)$　　　　D. $\frac{1}{\sqrt{2}}(1,0,1)$

3. 设向量 $\boldsymbol{\alpha} = (1, -2, 3)$ 与 $\boldsymbol{\beta} = (2, k, 6)$ 正交,则 k 为(　　).

A. -1　　　　B. -4

C. 3　　　　D. 10

4. 若 $\boldsymbol{A}$ 是 n 阶正交矩阵,则下列命题不成立的是(　　).

A. 矩阵 $\boldsymbol{A}^{\mathrm{T}}$ 为正交矩阵　　B. 矩阵 $\boldsymbol{A}^{-1}$ 为正交矩阵

C. 矩阵 $\boldsymbol{A}$ 的行列式是±1　　D. 矩阵 $\boldsymbol{A}$ 的特征根是±1

二、填空题

1. 已知三维向量 $\boldsymbol{\alpha}=(1,-3,2)^{\mathrm{T}},\boldsymbol{\beta}=(-1,2,0)^{\mathrm{T}}$, 则内积 $(\boldsymbol{\alpha},\boldsymbol{\beta})=$ ________________.

2. 在欧氏空间 R^4 中, $\boldsymbol{\alpha}=(1,0,0,1),\boldsymbol{\beta}=(1,0,1,0)$, 则 $\boldsymbol{\alpha}$ 与 $\boldsymbol{\beta}$ 的夹角等于________.

3. 设 $\boldsymbol{\alpha}=(1,2,a,4)^{\mathrm{T}},\boldsymbol{\beta}=(-4,b,-2,1)^{\mathrm{T}}$, 若 $\boldsymbol{\alpha},\boldsymbol{\beta}$ 正交,则 a,b 应满足的关系式为________________.

4. 设 $\boldsymbol{\alpha}=(1,-2,3)^{\mathrm{T}},\boldsymbol{\beta}=(2,-1,0)^{\mathrm{T}}$, 得 $\boldsymbol{\alpha}+\lambda\boldsymbol{\beta}$ 与 $\boldsymbol{\beta}$ 正交. 求实数 λ ________.

5. 若 $\boldsymbol{A}=\begin{pmatrix} a & \frac{1}{\sqrt{2}} & 0 \\ b & -\frac{1}{\sqrt{2}} & 0 \\ 0 & 0 & 1 \end{pmatrix}$ 为正交矩阵,且 $|\boldsymbol{A}|=-1$, 则 $a=$ ________, $b=$ ________.

三、计算题

1. 求一个单位向量 $\boldsymbol{\beta}$, 使得 $\boldsymbol{\beta}$ 与 $\boldsymbol{\alpha}_1=\begin{pmatrix}1\\1\\1\end{pmatrix},\boldsymbol{\alpha}_2=\begin{pmatrix}1\\2\\3\end{pmatrix}$ 都正交.

2. 已知 $\boldsymbol{\alpha}_1=\begin{pmatrix}1\\-1\\0\end{pmatrix},\boldsymbol{\alpha}_2=\begin{pmatrix}1\\0\\1\end{pmatrix},\boldsymbol{\alpha}_3=\begin{pmatrix}1\\-1\\1\end{pmatrix}$ 是 $\boldsymbol{R}^3$ 的一组基,用施密特正交化方法,构造出 $\boldsymbol{R}^3$ 的一组标准正交基.

3. 已知正交矩阵的前三列分别为：$\boldsymbol{\alpha}_1^{\mathrm{T}}=\left(\frac{1}{2}\quad -\frac{1}{2}\quad -\frac{1}{2}\quad -\frac{1}{2}\right)$，$\boldsymbol{\alpha}_2^{\mathrm{T}}=\left(-\frac{1}{2}\quad \frac{1}{2}\quad -\frac{1}{2}\quad -\frac{1}{2}\right)$，$\boldsymbol{\alpha}_3^{\mathrm{T}}=\left(-\frac{1}{2}\quad -\frac{1}{2}\quad \frac{1}{2}\quad -\frac{1}{2}\right)$，求矩阵 $\boldsymbol{A}$.

4. 设三阶矩阵 $\boldsymbol{A}=\begin{pmatrix}1&0&1\\0&2&0\\1&0&a\end{pmatrix}$ 与对角矩阵 $\boldsymbol{\Lambda}=\begin{pmatrix}2&0&0\\0&2&0\\0&0&b\end{pmatrix}$ 相似.

(1)求 a,b 的值；

(2)求正交矩阵 $\boldsymbol{Q}$，使 $\boldsymbol{Q}^{-1}\boldsymbol{A}\boldsymbol{Q}=\boldsymbol{\Lambda}$.

5. 已知 $\boldsymbol{A}$ 是 $2k+1$ 阶正交矩阵，且 $|\boldsymbol{A}|=1$，求 $|\boldsymbol{A}-\boldsymbol{I}|$.

4.4 实对称矩阵的相似对角化

一、单选题

1. 下列说法正确的是(　　).

A. 若矩阵 $\boldsymbol{A}$ 的特征值都是实数,则矩阵 $\boldsymbol{A}$ 为实对称矩阵

B. 一般情况 n 阶矩阵未必与对角矩阵相似,而与对角矩阵相似的矩阵一定是实对称矩阵

C. 若 λ_1,λ_2 是实对称矩阵 $\boldsymbol{A}$ 的两个不同特征值, $\boldsymbol{\alpha}_1,\boldsymbol{\alpha}_2$ 是 $\boldsymbol{A}$ 分别属于 λ_1,λ_2 的特征向量,则 $\boldsymbol{\alpha}_1,\boldsymbol{\alpha}_2$ 线性无关且相互正交

D. 若 n 阶实对称矩阵 $\boldsymbol{A}$ 有 n 个不同特征根且对应的特征向量分别为 $\boldsymbol{\alpha}_1,\boldsymbol{\alpha}_2,\cdots,\boldsymbol{\alpha}_n$,则向量组 $\boldsymbol{\alpha}_1,\boldsymbol{\alpha}_2,\cdots,\boldsymbol{\alpha}_n$ 为正交向量组,且矩阵 $\boldsymbol{C}=(\boldsymbol{\alpha}_1,\boldsymbol{\alpha}_2,\cdots,\boldsymbol{\alpha}_n)$ 为正交矩阵

2. 设 λ 是 n 阶实对称矩阵 $\boldsymbol{A}$ 的 k 重特征根,若用消元法求解齐次线性方程组 $(\lambda\boldsymbol{I}-\boldsymbol{A})\boldsymbol{x}=\boldsymbol{0}$, 将系数矩阵化为阶梯矩阵时,阶梯矩阵中非零行的行数和自由未知量的个数分别为(　　).

A. $n-k,k$　　B. k,k

C. $k,n-k$　　D. $n-k,n-k$

3. 设 $\boldsymbol{A}$ 是 n 阶实对称矩阵,$\boldsymbol{P}$ 是 n 阶可逆矩阵,已知 $\boldsymbol{\alpha}$ 是 $\boldsymbol{A}$ 属于 λ 的特征向量,则矩阵 $(\boldsymbol{P}^{-1}\boldsymbol{A}\boldsymbol{P})^{\mathrm{T}}$ 属于特征值 λ 的特征向量是(　　).

A. $\boldsymbol{P}\boldsymbol{\alpha}$　　B. $\boldsymbol{P}^{\mathrm{T}}\boldsymbol{\alpha}$

C. $\boldsymbol{P}^{-1}\boldsymbol{\alpha}$　　D. $(\boldsymbol{P}^{-1})^{\mathrm{T}}\boldsymbol{\alpha}$

4. 设 λ 为四阶实对称矩阵 $\boldsymbol{A}$ 的一个 3 重特征根,若 $R(\boldsymbol{A})=3$, 则下列说法正确的是(　　).

A. 特征值 λ 对应的特征向量必线性无关且两两正交

B. 特征值 λ 对应的特征向量的个数恰好为 3 个

C. 实对称矩阵 $\boldsymbol{A}$ 的一个特征值为 0,且与对角阵 $\boldsymbol{\Lambda}=\mathrm{diag}(\lambda,\lambda,\lambda,0)$ 相似

D. 若 $\boldsymbol{A}$ 与 $\boldsymbol{B}$ 相似,则 $\boldsymbol{B}$ 为实对称矩阵,且 $\boldsymbol{A}$ 与 $\boldsymbol{B}$ 有相同的特征向量

二、填空题

1. 设三阶实对称矩阵 $\boldsymbol{A}$ 的秩为 2, $\lambda_1=\lambda_2=6$ 是 $\boldsymbol{A}$ 的二重特征值,则矩阵 $\boldsymbol{A}$ 的另一个特征值为__________.

2. 已知三阶实对称矩阵 $\boldsymbol{A}$ 的两个特征向量 $\boldsymbol{\alpha}_1=(1,1,0)^{\mathrm{T}},\boldsymbol{\alpha}_2=(2,1,1)^{\mathrm{T}}$, 则矩阵 $\boldsymbol{A}$ 的另一个特征值对应的特征向量为__________.

3. 设 n 阶实对称矩阵 $\boldsymbol{A}$ 的全部互不相等的特征值为 $\lambda_1,\lambda_2,\lambda_3,\lambda_4$, 它们的重数分别为 k_1,k_2,k_3,k_4, 则 $k_1+k_2+k_3+k_4=$__________.

三、计算题

1. 试求正交矩阵 $\boldsymbol{Q}$ 及对角矩阵 $\boldsymbol{\Lambda}$，使 $\boldsymbol{Q}^{-1}\boldsymbol{A}\boldsymbol{Q}=\boldsymbol{\Lambda}$，其中 $\boldsymbol{A}=\begin{pmatrix}5 & 2 & -4\\ 2 & 2 & -2\\ -4 & -2 & 5\end{pmatrix}$.

2. 设三阶实对称矩阵 $\boldsymbol{A}$ 的秩 $R(\boldsymbol{A})=2$，且 $\boldsymbol{A}\begin{pmatrix}1 & 1\\ 0 & 0\\ -1 & 1\end{pmatrix}=\begin{pmatrix}1 & 1\\ 0 & 0\\ -1 & 1\end{pmatrix}$.

(1) 求 $\boldsymbol{A}$ 的所有特征值和特征向量；

(2) 求矩阵 $\boldsymbol{A}$.

3. 设 $\boldsymbol{A}=\begin{pmatrix}3 & -1 & 1\\ -1 & 0 & a\\ 1 & a & 0\end{pmatrix}$，正交矩阵 $\boldsymbol{Q}$ 使得 $\boldsymbol{Q}^{\mathrm{T}}\boldsymbol{A}\boldsymbol{Q}$ 为对角矩阵，若 $\boldsymbol{Q}$ 的第一列为 $\dfrac{1}{\sqrt{3}}(1,1,-1)$，求 a,$\boldsymbol{Q}$.

单元复习题(四)

一、单选题

1. 设 λ 是矩阵 $\boldsymbol{A}$ 的 k 重特征根,则下列说法错误的是(　　).

A. $\det(\lambda \boldsymbol{I}-\boldsymbol{A})=0$

B. 矩阵 $\lambda \boldsymbol{I}-\boldsymbol{A}$ 的秩大于等于 $n-k$

C. 若 $\boldsymbol{\alpha}_1,\boldsymbol{\alpha}_2$ 是 $\boldsymbol{A}$ 属于特征值 λ 的特征向量,则 $k_1\boldsymbol{\alpha}_1+k_2\boldsymbol{\alpha}_2$(其中,$k_1,k_2$ 为不全是零的常数)也是 $\boldsymbol{A}$ 属于特征值 λ 的特征向量

D. 齐次线性方程组 $(\lambda \boldsymbol{I}-\boldsymbol{A})\boldsymbol{x}=\boldsymbol{0}$ 的基础解系中向量的个数为 k,即重根 λ 有 k 个线性无关的特征向量

2. 设矩阵 $\boldsymbol{A}=(a_{ij})_{n\times n}$ 与对角矩阵 $\boldsymbol{\Lambda}=\mathrm{diag}(\lambda_1,\lambda_2,\cdots,\lambda_n)$ 相似,则下列说法错误的是(　　).

A. $\det(\boldsymbol{A})=\lambda_1\lambda_2\cdots\lambda_n$,$\sum\limits_{i=1}^{n} a_{ii}=\sum\limits_{i=1}^{n}\lambda_i$

B. 矩阵 $\boldsymbol{A}$ 与对角矩阵 $\boldsymbol{\Lambda}$ 有相同的特征值

C. 矩阵 $\boldsymbol{A}$ 与对角矩阵 $\boldsymbol{\Lambda}$ 秩相等,即 $R(\boldsymbol{A})=R(\boldsymbol{\Lambda})$

D. 一定存在正交矩阵 $\boldsymbol{C}$,使得 $\boldsymbol{C}^{-1}\boldsymbol{A}\boldsymbol{C}=\boldsymbol{C}^{\mathrm{T}}\boldsymbol{A}\boldsymbol{C}=\boldsymbol{\Lambda}=\mathrm{diag}(\lambda_1,\lambda_2,\cdots,\lambda_n)$

3. 已知 $\boldsymbol{A}=\begin{pmatrix}2&0&0\\0&a&1\\0&1&2\end{pmatrix}$ 与 $\boldsymbol{\Lambda}=\begin{pmatrix}2&0&0\\0&b&0\\0&0&1\end{pmatrix}$ 相似,则 a,b 分别为(　　).

A. 2,3　　B. 1,2

C. 3,4　　D. 3,5

4. 设 $\boldsymbol{A}$ 为四阶实对称矩阵,且 $\boldsymbol{A}^2+\boldsymbol{A}=\boldsymbol{O}$,若 $\boldsymbol{A}$ 的秩为3,则 $\boldsymbol{A}$ 相似于(　　).

A. $\begin{pmatrix}1&&&\\&1&&\\&&1&\\&&&0\end{pmatrix}$　　B. $\begin{pmatrix}1&&&\\&1&&\\&&-1&\\&&&0\end{pmatrix}$

C. $\begin{pmatrix}1&&&\\&-1&&\\&&-1&\\&&&0\end{pmatrix}$　　D. $\begin{pmatrix}-1&&&\\&-1&&\\&&-1&\\&&&0\end{pmatrix}$

5. 设矩阵 $\boldsymbol{A}=\begin{pmatrix}1&1&1&1\\0&2&1&1\\0&0&3&1\\0&0&0&3\end{pmatrix}$,则 $\boldsymbol{A}$ 线性无关的特征向量的个数是(　　).

A. 1　　B. 2

C. 3　　D. 4

6. 已知 $2,4,6,\cdots,2n$ 是 n 阶矩阵 A 的 n 个特征值，则行列式 $|A-3I|=($　　$)$.

A. $2\cdot n!\ -3^n$　　B. $(2n-3)!!\ =1\cdot3\cdot5\cdot\cdots\cdot(2n-3)$

C. $-(2n-3)!!$　　D. $5\cdot7\cdot9\cdot\cdots\cdot(2n+3)$

7. 下列矩阵中，$\boldsymbol{A}$ 和 $\boldsymbol{B}$ 相似的是(　　).

A. $\boldsymbol{A}=\begin{pmatrix}2&0&1\\0&0&0\\0&0&0\end{pmatrix},\boldsymbol{B}=\begin{pmatrix}2&0&0\\0&0&1\\0&0&0\end{pmatrix}$　　B. $\boldsymbol{A}=\begin{pmatrix}1&2&0\\2&3&1\\0&1&5\end{pmatrix},\boldsymbol{B}=\begin{pmatrix}2&1&-1\\1&2&0\\-1&0&2\end{pmatrix}$

C. $\boldsymbol{A}=\begin{pmatrix}2&0&1\\0&0&0\\0&0&0\end{pmatrix},\boldsymbol{B}=\begin{pmatrix}2&0&3\\0&0&0\\0&0&0\end{pmatrix}$　　D. $\boldsymbol{A}=\begin{pmatrix}2&0&0\\0&2&0\\0&0&-3\end{pmatrix},\boldsymbol{B}=\begin{pmatrix}1&0&0\\0&3&0\\0&0&-3\end{pmatrix}$

二、填空题

1. 设 $\boldsymbol{A}=\begin{pmatrix}a&b\\c&d\end{pmatrix}$ 的两个特征值为 λ_1,λ_2，则 $\lambda_1+\lambda_2=$ ________，$\lambda_1\cdot\lambda_2=$ ________.

2. 设 3 为方阵 $\boldsymbol{A}$ 的一个特征值且 $|\boldsymbol{A}|=4$，则

(1) $\boldsymbol{A}^{\mathrm{T}}$ 的一个特征值为____________；

(2) $\boldsymbol{A}^*$ 的一个特征值为____________；

(3) $\left(\frac{1}{6}\boldsymbol{A}^2\right)^{-1}$ 的一个特征值为____________；

(4) $|\boldsymbol{A}-3\boldsymbol{I}|=$ __________.

3. 若八阶方阵 $\boldsymbol{A}$ 与对角矩阵 $\boldsymbol{\Lambda}=\mathrm{diag}(1,1,1,2,2,0,0,0)$ 相似，则

(1) $R(\boldsymbol{A})=$ __________；

(2) 特征值 2 的重数为__________；

(3) $R(\boldsymbol{I}-\boldsymbol{A})=$ __________.

4. 矩阵 $\begin{pmatrix}1&3\\0&2\end{pmatrix}$ 的全部特征值为______________.

5. 设三阶矩阵 $\boldsymbol{A}$ 与 $\boldsymbol{B}$ 相似，$\boldsymbol{A}$ 的特征值为 $1,\frac{1}{2},\frac{1}{3}$，则 $|\boldsymbol{B}^{-1}-\boldsymbol{I}|=$ ____________.

6. 设 $\boldsymbol{A}$ 为三阶实对称矩阵，$R(\boldsymbol{A})=2$，若 $\boldsymbol{A}^2=2\boldsymbol{A}$，则 $\boldsymbol{A}$ 的特征值为__________.

7. 已知三阶实对称矩阵 $\boldsymbol{A}$ 的两个特征值 1 和 2 所对应的特征向量分别为 $\boldsymbol{\alpha}_1=(1,1,a)^{\mathrm{T}},\boldsymbol{\alpha}_2=(2a,1+a,1)^{\mathrm{T}}$，则 $a=$ ________，$\boldsymbol{A}$ 的另一个特征值对应的特征向量为________.

三、计算题

1. 设 $\boldsymbol{A}=\begin{pmatrix}3&-4&0\\1&a&0\\1&0&2\end{pmatrix}$ 的特征值有二重根，求 a 的值及 $\boldsymbol{A}$ 的特征值和特征向量.

2. 设 $\boldsymbol{A}$ 为三阶矩阵，$\boldsymbol{\alpha}_1,\boldsymbol{\alpha}_2,\boldsymbol{\alpha}_3$ 是线性无关的三维列向量,且满足

$$\boldsymbol{A\alpha}_1 = 3\boldsymbol{\alpha}_1 + \boldsymbol{\alpha}_2 + \boldsymbol{\alpha}_3,\boldsymbol{A\alpha}_2 = \boldsymbol{\alpha}_1 + 3\boldsymbol{\alpha}_2 + \boldsymbol{\alpha}_3,\boldsymbol{A\alpha}_3 = \boldsymbol{\alpha}_1 + \boldsymbol{\alpha}_2 + 3\boldsymbol{\alpha}_3,$$

(1)求矩阵 $\boldsymbol{B}$ 使得 $\boldsymbol{A}(\boldsymbol{\alpha}_1,\boldsymbol{\alpha}_2,\boldsymbol{\alpha}_3) = (\boldsymbol{\alpha}_1,\boldsymbol{\alpha}_2,\boldsymbol{\alpha}_3)\boldsymbol{B}$;

(2)求矩阵 $\boldsymbol{A}$ 的特征值.

3. 设 $\boldsymbol{A} = \begin{pmatrix} 3 & 1 & 1 \\ 1 & a & 1 \\ 1 & 1 & 2 \end{pmatrix}$ 可逆，$\boldsymbol{\alpha} = \begin{pmatrix} 1 \\ 1 \\ b \end{pmatrix}$ 是 $\boldsymbol{A}$ 对应于 λ 的特征向量,试求 a,b,λ 的值.

4. 设矩阵 $\boldsymbol{A}=\begin{pmatrix}3 & 2 & -2\\ -k & -1 & k\\ 4 & 2 & -3\end{pmatrix}$. 问当 k 为何值时,存在可逆矩阵 $\boldsymbol{P}$,使得 $\boldsymbol{P}^{-1}\boldsymbol{A}\boldsymbol{P}$ 为对角矩阵? 并求出 $\boldsymbol{P}$ 和相应的对角矩阵.

5. 设 $\boldsymbol{A}=\begin{pmatrix}1 & -1 & 1\\ x & 4 & y\\ -3 & -3 & 5\end{pmatrix}$, 已知 $\boldsymbol{A}$ 有 3 个线性无关的特征向量,且 $\lambda=2$ 是其二重特征值,求矩阵 $\boldsymbol{P}$ 使 $\boldsymbol{P}^{-1}\boldsymbol{A}\boldsymbol{P}$ 为对角矩阵.

6. 设矩阵 $\boldsymbol{A}=(\boldsymbol{\alpha}_1,\boldsymbol{\alpha}_2,\boldsymbol{\alpha}_3)$ 有 3 个不同的特征值,且 $\boldsymbol{\alpha}_3=\boldsymbol{\alpha}_1+\boldsymbol{\alpha}_2$.

(1)求 $R(\boldsymbol{A})$;

(2)若 $\boldsymbol{\beta}=\boldsymbol{\alpha}_1+2\boldsymbol{\alpha}_2+\boldsymbol{\alpha}_3$, 求线性方程组 $\boldsymbol{A}\boldsymbol{x}=\boldsymbol{\beta}$ 的通解.

四、应用题

某市市区每年有15%的人口移居市郊，又有18%的市郊人口移居市区．假定该市总人口始终保持不变．

(1)记第 i 年年末市区、市郊人口分别为 x_i, y_i，$\boldsymbol{\eta}_i = \begin{pmatrix} x_i \\ y_i \end{pmatrix}$，求矩阵 $\boldsymbol{A}$ 使得 $\boldsymbol{\eta}_{i+1} = \boldsymbol{A}\boldsymbol{\eta}_i$；

(2)该市现有83万市区人口，27万市郊人口，求 $\boldsymbol{\eta}_n$；

(3)试分析该市市区、市郊人口变化的长期趋势．

第5章 二次型

5.1 实二次型及其标准形

一、单选题

1. 二次型$f(x_1,x_2,x_3)=2x_1x_2+x_2^2+2x_1x_3-6x_2x_3$的矩阵为(　　).

A. $\begin{pmatrix}0&1&1\\1&1&-3\\1&-3&1\end{pmatrix}$　　B. $\begin{pmatrix}0&1&1\\1&1&-3\\0&-3&1\end{pmatrix}$

C. $\begin{pmatrix}0&1&1\\1&1&-2\\0&-3&1\end{pmatrix}$　　D. $\begin{pmatrix}0&1&1\\1&1&-3\\1&-3&0\end{pmatrix}$

2. 二次型$f(x_1,x_2,x_3)=(x_1+x_2)^2+(x_2-x_3)^2+(x_3+x_1)^2$的秩为(　　).

A. $\frac{3}{2}$　　B. 3

C. 2　　D. 1

3. 设实二次型$f(x_1,x_2,x_3)=(x_1-x_2+x_3)^2+(x_2+x_3)^2+(x_1+2x_3)^2$, $f(x_1,x_2,x_3)$的规范形为(　　).

A. $z_1^2+z_2^2$　　B. $2z_1^2+\frac{3}{2}z_2^2$

C. $z_1^2-z_2^2$　　D. $z_1^2+z_2^2+z_3^2$

4. 与矩阵$\boldsymbol{A}=\begin{pmatrix}1&0&0\\0&-1&2\\0&2&1\end{pmatrix}$合同的矩阵是(　　).

A. $\begin{pmatrix}1 & & \\ & 1 & \\ & & 1\end{pmatrix}$　　B. $\begin{pmatrix}1 & & \\ & -1 & \\ & & -1\end{pmatrix}$

C. $\begin{pmatrix}1 & & \\ & 1 & \\ & & -1\end{pmatrix}$　　D. $\begin{pmatrix}-1 & & \\ & -1 & \\ & & -1\end{pmatrix}$

5. 设 A,B 均为 n 阶实对称矩阵,则 A 与 B 合同的充要条件为(　　).

A. A,B 有相同的特征值　　B. A,B 有相同的秩

C. A,B 有相同的正负惯性指数　　D. A,B 有相同的行列式

二、填空题

1. 二次型 $f(x_1,x_2,x_3,x_4)=x_1^2+2x_2^2+3x_3^2+4x_1x_2+2x_2x_3$ 的矩阵是____________.

2. 矩阵 $A=\begin{pmatrix}1 & 2 & 4\\ 2 & 2 & -1\\ 4 & -1 & 3\end{pmatrix}$ 对应的二次型是____________.

3. 已知二次型 $f(x_1,x_2,x_3)=a(x_1^2+x_2^2+x_2^3)+4x_1x_2+4x_1x_3+4x_2x_3$ 经正交变换 $x=Py$ 可化成标准形 $f=6y_1^2$, 则 $a=$____________.

4. 已知二次型 $f(x_1,x_2,x_3)=x^{\mathrm{T}}Ax$ 在正交变换 $x=Qy$ 下的标准形为 $y_1^2+y_2^2$, 且 Q 的第三列为 $\left(\frac{\sqrt{2}}{2},0,\frac{\sqrt{2}}{2}\right)^{\mathrm{T}}$, 矩阵 $A=$____________.

5. 设二次型 $f(x_1,x_2,x_3)=x_1^2-x_2^2+2ax_1x_3+4x_2x_3$ 的负惯性指数为 1,则 a 的取值范围是____________.

三、计算题

1. 用配方法化二次型 $f=2x_1x_2+2x_1x_3-6x_2x_3$ 为标准形.

2. 用正交变换将下列二次型化为标准形,并写出所用正交变换.

(1) $f(x_1,x_2,x_3)=2x_3^2-2x_1x_2+2x_1x_3-2x_2x_3$;

(2) $f(x_1,x_2,x_3)=4x_2^2-3x_3^2+4x_1x_2-4x_1x_3+8x_2x_3$.

3. 二次型$f(x_1,x_2,x_3)=2x_1^2+3x_2^2+3x_3^2+2ax_2x_3, a>0$经过正交变换化为标准形$f=y_1^2+2y_2^2+5y_3^2$，求参数$a$及所用的正交变换.

4. 已知二次型

$$f(x_1,x_2,x_3)=5x_1^2+5x_2^2+cx_3^2-2x_1x_2+6x_1x_3-6x_2x_3$$

的秩为2.

(1)求参数c及此二次型对应矩阵的特征值；

(2)求二次型的合同规范形.

5. 设二次型$f(x_1,x_2,x_3)=ax_1^2+ax_2^2+(a-1)x_3^2+2x_1x_3-2x_2x_3$.

(1)求二次型$f(x_1,x_2,x_3)$矩阵的所有特征值；

(2)若二次型$f(x_1,x_2,x_3)$的规范形为$y_1^2+y_2^2$，求a的值.

5.2　正定二次型

一、单选题

1. 设 $\boldsymbol{A}=\begin{pmatrix}1&2\\2&1\end{pmatrix}$，则在实数域上与 $\boldsymbol{A}$ 合同矩阵为(　　).

A. $\begin{pmatrix}-2&1\\1&-2\end{pmatrix}$　　B. $\begin{pmatrix}-2&1\\1&-2\end{pmatrix}$

C. $\begin{pmatrix}2&1\\1&2\end{pmatrix}$　　D. $\begin{pmatrix}1&-2\\-2&1\end{pmatrix}$

2. 已知实对称矩阵 $\boldsymbol{A}$ 满足 $\boldsymbol{A}^3-4\boldsymbol{A}^2+5\boldsymbol{A}-2\boldsymbol{I}=0$，则 $\boldsymbol{A}$ 是(　　).

A. 负定矩阵　　B. 正定矩阵

C. 半负定矩阵　　D. 半正定矩阵

3. 设 $\boldsymbol{A}$ 是三阶实对称矩阵，满足 $\boldsymbol{A}^3=2\boldsymbol{A}^2+5\boldsymbol{A}-6\boldsymbol{I}$，保证 $k\boldsymbol{I}+\boldsymbol{A}$ 是正定矩阵，则 k 的取值范围是(　　).

A. $k>2$　　B. $k<2$

C. $k<1$　　D. $k>1$

4. 设 $\boldsymbol{A}$ 正定，$\boldsymbol{P}$ 可逆，则 $\boldsymbol{P}^{\mathrm{T}}\boldsymbol{A}\boldsymbol{P}$ 是(　　).

A. 负定矩阵　　B. 正定矩阵

C. 半负定矩阵　　D. 半正定矩阵

5. 二次型 $f(x_1,x_2,x_3)=-2x_2^2-6x_2^2-4x_3^2+2x_1x_2+2x_1x_3$ 是(　　).

A. 负定二次型　　B. 正定二次型

C. 半负定二次型　　D. 半正定二次型

二、填空题

1. 判断三元二次型 $f(x_1,x_2,x_3)=x_1^2+5x_2^2+x_3^2+4x_1x_2-4x_2x_3$ 的正定性____________________.

2. 当__________时，实二次型 $f(x_1,x_2,x_3)=x_1^2+x_2^2+5x_3^2+2tx_1x_2-2x_1x_3+4x_2x_3$ 是正定的.

3. 已知 $A=\begin{pmatrix}2&2&2\\2&2&2\\2&2&2\end{pmatrix}$，矩阵 $B=A+kI$ 正定，则 k 为____________________.

4. 若二次型 $f(x_1,x_2,x_3)=ax_1^2+4x_2^2+ax_3^2+6x_1x_2+2x_2x_3$ 是正定的，则 a 的取值范围是________________.

5. 设 A,B 分别为 m,n 阶正定矩阵，分块矩阵 $C=\begin{pmatrix}A&O\\O&B\end{pmatrix}$ 的正定性________________.

三、计算题

1. 判断二次型 $f(x_1,x_2,x_3,x_4)=x_1^2+x_2^2+14x_3^2+7x_4^2+6x_1x_3+4x_1x_4-4x_2x_3$ 是正定、负定还是不定的？

2. 考虑二次型 $f(x_1,x_2,x_3)=x_1^2+4x_2^2+4x_3^2+2\lambda x_1x_2-2x_1x_3+4x_2x_3$，问 λ 取何值时，$f(x_1,x_2,x_3)$ 为正定二次型.

3. 已知二次型 $f(x_1,x_2,x_3)=(x_1+ax_2-2x_3)^2+(2x_2+3x_3)^2+(x_1+3x_2+ax_3)^2$ 正定，则 a 的取值是多少？

4. 设 $\boldsymbol{A}$ 是三阶实对称矩阵,满足 $\boldsymbol{A}^2+2\boldsymbol{A}=0$, 并且 $R(\boldsymbol{A})=2$.

(1)求 $\boldsymbol{A}$ 的特征值;

(2)当实数 k 满足什么条件时, $k\boldsymbol{A}+\boldsymbol{I}$ 正定?

单元复习题(五)

一、单选题

1. 设矩阵 $\boldsymbol{A}=\begin{pmatrix}2 & -1 & -1\\ -1 & 2 & -1\\ -1 & -1 & 2\end{pmatrix}$, $\boldsymbol{B}=\begin{pmatrix}1 & 0 & 0\\ 0 & 1 & 0\\ 0 & 0 & 0\end{pmatrix}$, 则 $\boldsymbol{A}$ 与 $\boldsymbol{B}$(　　).

A. 合同,且相似　　B. 合同,但不相似

C. 不合同,但相似　　D. 既不合同,又不相似

2. 已知二次型 $f(x_1,x_2,x_3)=a(x_1^2+x_2^2+x_3^2)+4x_1x_2+4x_1x_3+4x_2x_3$ 经过正交变换 $x=Py$ 可化为标准形 $f=6y_1^2$, 则 $a=$(　　).

A. −1　　B. 3

C. 2　　D. −2

3. 二次型 $f(x_1,x_2,x_3)=(x_1,x_2,x_3)\begin{pmatrix}3 & 3 & 3\\ 1 & 2 & 3\\ 1 & 1 & 3\end{pmatrix}\begin{pmatrix}x_1\\ x_2\\ x_3\end{pmatrix}$ 的矩阵(　　).

A. $\begin{pmatrix}3 & 2 & 2\\ 2 & 2 & 2\\ 2 & 2 & 3\end{pmatrix}$　　B. $\begin{pmatrix}3 & 3 & 3\\ 1 & 2 & 3\\ 1 & 1 & 3\end{pmatrix}$

C. $\begin{pmatrix}3 & 1 & 1\\ 3 & 2 & 1\\ 3 & 3 & 1\end{pmatrix}$　　D. $\begin{pmatrix}1 & 1 & 3\\ 1 & 2 & 3\\ 3 & 3 & 3\end{pmatrix}$

4. 二次型 $f(x_1,x_2,x_3)=2x_2^2+2x_3^2+4x_1x_2-4x_1x_3+8x_2x_3$ 的矩阵 $\boldsymbol{A}=$(　　).

A. $\begin{pmatrix}0 & 2 & -2\\ 2 & 2 & 4\\ -2 & 4 & 2\end{pmatrix}$　　B. $\begin{pmatrix}1 & 2 & -2\\ 2 & 2 & 4\\ 2 & 4 & 2\end{pmatrix}$

C. $\begin{pmatrix}0 & 2 & 2\\ 2 & 2 & 4\\ 2 & 4 & 2\end{pmatrix}$　　D. $\begin{pmatrix}0 & 2 & -2\\ 2 & 2 & 4\\ -2 & 2 & 2\end{pmatrix}$

5. 二次型 $f(x_1,x_2)=x_1^2-2x_2^2$ 的正定性是(　　).

A. 负定　　B. 正定

C. 半负定　　D. 不定

二、填空题

1. 已知二次型 $f(x_1,x_2,x_3)=5x_1^2+5x_2^2+cx_3^2-2x_1x_2+6x_1x_3-6x_2x_3$ 的秩为 2, 则参数 $c=$

__________________.

2. 二次型$f(x_1,x_2,x_3,x_4)=x_1^2+x_2^2+x_3^2-x_4^2+2x_1x_2+2x_2x_3+2x_1x_3$的矩阵为________________________,二次型的秩为__________________.

3. 已知二次型$f(x_1,x_2,x_3)=\boldsymbol{X}^{\mathrm{T}}\boldsymbol{A}\boldsymbol{X}=2x_1^2+3x_2^2+6x_3^2+2tx_2x_3$经正交变换$x=Py$可化成标准形$f=2y_1^2+2y_2^2+7y_3^2$, 则$t=$__________________.

4. 若二次型$\sum\limits_{i=1}^{n}\sum\limits_{i=1}^{n}a_{ij}x_ix_j=\boldsymbol{X}^{\mathrm{T}}\boldsymbol{A}\boldsymbol{X}$是正定二次型,则

$$f(y_1,y_2,\cdots,y_n)=\begin{vmatrix} a_{11} & a_{12} & \cdots & a_{1n} & y_1 \\ a_{21} & a_{22} & \cdots & a_{2n} & y_2 \\ \vdots & \vdots & & \vdots & \vdots \\ a_{n1} & a_{n2} & \cdots & a_{nn} & y_n \\ y_1 & y_2 & \cdots & y_n & 0 \end{vmatrix}$$

是__________二次型.

5. 已知矩阵$A=\begin{pmatrix} 1 & 1 & -2 \\ 1 & -2 & 1 \\ -2 & 1 & 1 \end{pmatrix}$与二次型$\boldsymbol{X}^{\mathrm{T}}\boldsymbol{B}\boldsymbol{X}=3x_1^2+ax_3^2$的矩阵$\boldsymbol{B}$合同,则$a$的取值范围为__________________.

三、计算题

1. 已知二次型$f(x_1,x_2,x_3)=4x_2^2-3x_3^2+4x_1x_2-4x_1x_3+8x_2x_3$.

(1)写出二次型$f(x_1,x_2,x_3)$的矩阵表达式;

(2)用正交变换把二次型$f(x_1,x_2,x_3)$化成标准形,并写出相应的正交矩阵.

2. 已知二次型$f(x_1,x_2,x_3)=(1-a)x_1^2+(1-a)x_2^2+2x_3^2+2(1+a)x_1x_2$的秩为2.

(1)求a的值;

(2)用正交变换把二次型$f(x_1,x_2,x_3)$化为标准形,并写出相应的正交矩阵.

3. 判别二次型 $f(x_1,x_2,x_3,x_4)=x_1^2+3x_2^2+9x_3^2+19x_4^2-2x_1x_2+4x_1x_3+2x_1x_4-6x_2x_4-12x_3x_4$ 的正定性.

4. 当 t 取何值时，二次型 $f(x_1,x_2,x_3)=x_1^2+4x_2^2+4x_3^2+2tx_1x_2-2x_1x_3+4x_2x_3$ 为正定.

半期自测题(一)

一、选择题(每题 2 分,共 20 分)

1. 设 $\boldsymbol{A}$, $\boldsymbol{B}$ 均为 n 阶方阵,下列结论中正确的是(　　).

   A. 若 $\boldsymbol{A}$, $\boldsymbol{B}$ 均可逆,则 $\boldsymbol{A}+\boldsymbol{B}$ 可逆

   B. 若 $\boldsymbol{A}$, $\boldsymbol{B}$ 均可逆,则 $\boldsymbol{A}-\boldsymbol{B}$ 可逆

   C. 若 $\boldsymbol{A}$, $\boldsymbol{B}$ 均可逆,则 $\boldsymbol{AB}$ 可逆

   D. 若 $\boldsymbol{A}+\boldsymbol{B}$ 均可逆,则 $\boldsymbol{A}$, $\boldsymbol{B}$ 可逆

2. 设 $\boldsymbol{A}$,$\boldsymbol{B}$ 均为 n 阶矩阵,则下列各式中正确的是(　　).

   A. $(\boldsymbol{A}+\boldsymbol{B})(\boldsymbol{A}-\boldsymbol{B})=\boldsymbol{A}^2-\boldsymbol{B}^2$　　B. $(\boldsymbol{AB})^2=\boldsymbol{A}^2\boldsymbol{B}^2$

   C. 由 $\boldsymbol{AB}=\boldsymbol{AC}$ 必可推出 $\boldsymbol{A}=\boldsymbol{B}$　　D. $\boldsymbol{A}^2-\boldsymbol{I}=(\boldsymbol{A}-\boldsymbol{I})(\boldsymbol{A}+\boldsymbol{I})$

3. 若 $k=$(　　),则 $\begin{vmatrix} k & 2 & 1 \\ 2 & k & 0 \\ 1 & -1 & 1 \end{vmatrix}=0$.

   A. -2　　B. 2

   C. 0　　D. -3

4. $\begin{vmatrix} 2 & 1 & 5 \\ 1 & -1 & 2 \\ 0 & 2 & 3 \end{vmatrix}=-\begin{vmatrix} 1 & 5 \\ 2 & 3 \end{vmatrix}-\begin{vmatrix} 2 & 5 \\ 0 & 3 \end{vmatrix}-2\begin{vmatrix} 2 & 1 \\ 0 & 2 \end{vmatrix}$ 是按(　　)展开的.

   A. 第 2 列　　B. 第 2 行

   C. 第 1 列　　D. 第 1 行

5. 设 $D=\begin{vmatrix} a_{11} & a_{12} & \cdots & a_{1n} \\ a_{21} & a_{22} & \cdots & a_{2n} \\ \vdots & \vdots & & \vdots \\ a_{n1} & a_{n2} & \cdots & a_{nn} \end{vmatrix}$, 则下式(　　)是正确的.

   A. $a_{i1}A_{i1}+a_{i2}A_{i2}+\cdots+a_{in}A_{in}=0$　　B. $a_{1j}A_{1j}+a_{2j}A_{2j}+\cdots+a_{nj}A_{nj}=0$

   C. $a_{i1}A_{1i}+a_{i2}A_{2i}+\cdots+a_{in}A_{ni}=D$　　D. $a_{1j}A_{1j}+a_{2j}A_{2j}+\cdots+a_{nj}A_{nj}=D$

6. 方程组 $\begin{cases} \lambda x_1+x_2=0 \\ x_1+\lambda x_2=0 \end{cases}$ 有非零解,则 λ 的值为(　　).

   A. 1　　B. -1

   C. ± 1　　D. 0

7. 下列矩阵中,不是初等矩阵的是(　　).

A. $\begin{pmatrix}0&0&1\\0&1&0\\1&0&0\end{pmatrix}$　　B. $\begin{pmatrix}1&0&0\\0&0&0\\0&1&0\end{pmatrix}$

C. $\begin{pmatrix}1&0&0\\0&2&0\\0&0&1\end{pmatrix}$　　D. $\begin{pmatrix}1&0&0\\0&1&-2\\0&0&1\end{pmatrix}$

8. 用初等矩阵$\begin{pmatrix}1&0&0\\0&0&1\\0&1&0\end{pmatrix}$左乘$\boldsymbol{A}=\begin{pmatrix}2&1&1\\3&1&1\\2&4&6\end{pmatrix}$，相当于对$\boldsymbol{A}$进行(　　).

A. $r_1\leftrightarrow r_2$　　B. $r_2\leftrightarrow r_3$

C. $c_1\leftrightarrow c_2$　　D. $c_2\leftrightarrow c_3$

9. 设$\boldsymbol{A}$为n阶可逆矩阵,则与其不等价的命题为(　　).

A. 齐次方程组$\boldsymbol{AX}=\boldsymbol{0}$只有零解

B. $\boldsymbol{A}$与$\boldsymbol{I}$行等价

C. $\boldsymbol{A}$可表示为有限个初等矩阵的乘积

D. 非齐次方程组$\boldsymbol{AX}=\boldsymbol{b}$有无穷多解

10. 设矩阵$\boldsymbol{A}$的秩为r,则$\boldsymbol{A}$中(　　).

A. 所有$r-1$阶子式都不为0

B. 所有$r-1$阶子式全为0

C. 至少有一个r阶子式不等于0

D. 所有r阶子式都不为0

二、填空题(每空2分,共10分)

1. 若$\boldsymbol{A}$为五阶方阵,且$\det\boldsymbol{A}=2$, 则$\det(-2\boldsymbol{A})=$__________.

2. 若$\boldsymbol{A}$是$m\times n$矩阵,$\boldsymbol{B}$是$s\times l$矩阵,则$\boldsymbol{ACB}$有意义,$\boldsymbol{C}$是__________矩阵.

3. 若矩阵$\boldsymbol{A}$满足__________,则称矩阵$\boldsymbol{A}$为反对称矩阵.

4. 已知$\boldsymbol{A}=\begin{pmatrix}1&2\\3&4\end{pmatrix}$，则$\boldsymbol{A}^{-1}=$__________.

5. 矩阵$\boldsymbol{A}=\begin{pmatrix}2&2&1\\-1&3&0\\-3&1&-1\end{pmatrix}$的标准形为________________.

三、计算题(共44分)

1. (共8分)计算行列式$\begin{vmatrix}4&1&2&4\\1&2&0&2\\10&5&2&0\\0&1&1&7\end{vmatrix}$的值.

2. (共 10 分)求解矩阵方程 $\begin{pmatrix} 1 & 2 & 3 \\ 2 & 2 & 1 \\ 3 & 4 & 3 \end{pmatrix} \boldsymbol{X} \begin{pmatrix} 2 & 1 \\ 5 & 3 \end{pmatrix} = \begin{pmatrix} 1 & 3 \\ 2 & 0 \\ 3 & 1 \end{pmatrix}$.

3. (共 6 分)设 $f(x) = x^2 - x - 1, \boldsymbol{A} = \begin{pmatrix} 3 & 1 & 1 \\ 3 & 1 & 2 \\ 1 & -1 & 0 \end{pmatrix}$, 求 $f(\boldsymbol{A})$.

4. (共 12 分)设 $\boldsymbol{A}, \boldsymbol{B}$ 均为三阶方阵, $\boldsymbol{I}$ 是三阶单位阵, 已知 $\boldsymbol{AB} + \boldsymbol{I} = \boldsymbol{A}^2 + \boldsymbol{B}$, 其中 $\boldsymbol{A} = \begin{pmatrix} 1 & 0 & 1 \\ 0 & 2 & 0 \\ -1 & 0 & 1 \end{pmatrix}$, 求 $\boldsymbol{B}$.

5. (共 8 分)已知三阶实矩阵 $\boldsymbol{A}$ 满足 $a_{ij}=\boldsymbol{A}_{ij}(i,j=1,2,3)$, 求 $\det \boldsymbol{A}$.

四、证明题(共 26 分)

1. (共 10 分)设 $\boldsymbol{\alpha}$ 是 $n\times 1$ 矩阵, $\boldsymbol{\alpha}^{\mathrm{T}}\boldsymbol{\alpha}=1$, $\boldsymbol{H}=\boldsymbol{I}-2\boldsymbol{\alpha}\boldsymbol{\alpha}^{\mathrm{T}}$, 证明: $\boldsymbol{H}$ 是对称矩阵, 且 $\boldsymbol{H}^2=\boldsymbol{I}$.

2. (共 8 分)设 $\boldsymbol{A}$ 是 n 阶方阵,且满足 $\boldsymbol{A}^2=\boldsymbol{A}$, 证明: $\boldsymbol{A}$ 不可逆或 $\boldsymbol{A}=\boldsymbol{I}$.

3. (共 8 分)设方阵 $\boldsymbol{A}$ 满足 $\boldsymbol{A}^2-\boldsymbol{A}-2\boldsymbol{I}=\boldsymbol{O}$, 证明:(1)$\boldsymbol{A}$ 和 $\boldsymbol{I}-\boldsymbol{A}$ 都可逆;(2) $\boldsymbol{A}+\boldsymbol{I}$ 和 $\boldsymbol{A}-2\boldsymbol{I}$ 不同时可逆.

半期自测题(二)

一、单选题(每题 2 分,共 20 分)

1. 设矩阵 $\boldsymbol{A}=\begin{pmatrix}4 & 2\\ -3 & 2\end{pmatrix}$, $\boldsymbol{B}=\begin{pmatrix}2 & 1\\ 0 & -1\end{pmatrix}$, 则 $\boldsymbol{A}-\boldsymbol{B}=($　　$)$.

A. $\begin{pmatrix}2 & 1\\ -3 & 3\end{pmatrix}$　　B. $\begin{pmatrix}-2 & 1\\ 3 & -1\end{pmatrix}$

C. $\begin{pmatrix}4 & 2\\ 3 & 1\end{pmatrix}$　　D. $\begin{pmatrix}-3 & 1\\ 1 & -2\end{pmatrix}$

2. 行列式 $\begin{vmatrix}0 & 2 & -3\\ 1 & 0 & -1\\ -1 & 2 & 0\end{vmatrix}$ 中元素 a_{21} 的代数余子式 $A_{21}=($　　$)$.

A. -6　　B. 6

C. -2　　D. 2

3. 设 $\boldsymbol{A}$ 为三阶方阵, $|\boldsymbol{A}|=3$, 则其行列式 $|3\boldsymbol{A}|$ 是(　　).

A. 3　　B. 3^2

C. 3^3　　D. 3^4

4. 已知四阶行列式 $\boldsymbol{A}$ 的值为 2,将 $\boldsymbol{A}$ 的第三行元素乘以 -1 加到第四行的对应元素上,则现行列式的值为(　　).

A. 2　　B. 0

C. -1　　D. -2

5. 若行列式 $\begin{vmatrix}1 & 2 & 5\\ 1 & 3 & -2\\ 2 & 5 & x\end{vmatrix}=0$, 则 $x=($　　$)$.

A. 2　　B. 3

C. -3　　D. -2

6. 设 $\boldsymbol{A}=\begin{pmatrix}1 & 3\\ 2 & 0\end{pmatrix}$, 则 $\boldsymbol{A}^{-1}=($　　$)$.

A. $\begin{pmatrix}0 & \frac{1}{2}\\ -\frac{1}{3} & -\frac{1}{6}\end{pmatrix}$　　B. $\begin{pmatrix}0 & -\frac{1}{3}\\ \frac{1}{3} & \frac{1}{6}\end{pmatrix}$

C. $\begin{pmatrix} 0 & \frac{1}{3} \\ \frac{1}{2} & -\frac{1}{6} \end{pmatrix}$　　D. $\begin{pmatrix} 0 & \frac{1}{2} \\ \frac{1}{3} & -\frac{1}{6} \end{pmatrix}$

7. 若矩阵 $\boldsymbol{A}^* = \begin{pmatrix} 3 & -2 \\ -1 & 3 \end{pmatrix}$，$|\boldsymbol{A}| = -3$，则 $\boldsymbol{A}^{-1} = ($　　$)$.

A. $\begin{pmatrix} -1 & \frac{2}{3} \\ \frac{1}{3} & -1 \end{pmatrix}$　　B. $\begin{pmatrix} 2 & 3 \\ 1 & 1 \end{pmatrix}$

C. $\begin{pmatrix} 1 & -1 \\ 2 & 3 \end{pmatrix}$　　D. $\begin{pmatrix} 1 & 2 \\ -1 & -2 \end{pmatrix}$

8. 设 $\boldsymbol{A},\boldsymbol{B},\boldsymbol{C}$ 为同阶可逆方阵，则 $(\boldsymbol{ABC})^{-1} = ($　　$)$.

A. $\boldsymbol{A}^{-1}\boldsymbol{B}^{-1}\boldsymbol{C}^{-1}$　　B. $\boldsymbol{C}^{-1}\boldsymbol{B}^{-1}\boldsymbol{A}^{-1}$

C. $\boldsymbol{C}^{-1}\boldsymbol{A}^{-1}\boldsymbol{B}^{-1}$　　D. $\boldsymbol{A}^{-1}\boldsymbol{C}^{-1}\boldsymbol{B}^{-1}$

9. 设行列式 $\begin{vmatrix} x & y & z \\ 4 & 0 & 3 \\ 1 & 1 & 1 \end{vmatrix} = 1$，则行列式 $\begin{vmatrix} 2x & 2y & 2z \\ \frac{4}{3} & 0 & 1 \\ 1 & 1 & 1 \end{vmatrix} = ($　　$)$.

A. $\frac{2}{3}$　　B. 1

C. $\frac{8}{3}$　　D. 2

10. 若 $D = \begin{vmatrix} a_{11} & a_{12} & a_{13} \\ a_{21} & a_{22} & a_{23} \\ a_{31} & a_{32} & a_{33} \end{vmatrix} = 2$，则行列式 $D_1 = \begin{vmatrix} 3a_{11} & a_{12} & -a_{13} \\ 3a_{21} & a_{22} & -a_{23} \\ 3a_{31} & a_{32} & -a_{33} \end{vmatrix} = ($　　$)$.

A. -6　　B. 6

C. 12　　D. -54

二、填空题(每空 2 分,共 10 分)

1. 若 $\boldsymbol{A} = \begin{pmatrix} -1 & 1 \\ -1 & 0 \end{pmatrix}$，则 $\boldsymbol{A}^* =$ ________，$\boldsymbol{A}^2 - 2\boldsymbol{A} + \boldsymbol{I} =$ ________.

2. 行列式 $D = \begin{vmatrix} 1 & 2 & -3 \\ 2 & -1 & 0 \\ 3 & 4 & 2 \end{vmatrix}$ 中，元素 0 的代数余子式的值为 ________.

3. 设 $D = \begin{vmatrix} 2x & 1 & -1 \\ -x & -x & x \\ 1 & 2 & x \end{vmatrix}$，则 D 的展开式中 x^3 的系数为 ________.

4. 若 $\boldsymbol{A}=\begin{pmatrix}1&0&0\\0&1&1\\0&0&1\end{pmatrix}$，则 $\boldsymbol{A}^n=$ ____________.

三、计算题(共50分)

1. 设 $f(x)=x^2+2$，$\boldsymbol{A}=\begin{pmatrix}1&1&1\\0&1&1\\0&0&1\end{pmatrix}$，求 $f(\boldsymbol{A})$.

2. 设 $\boldsymbol{A}=\begin{pmatrix}1&2&1\\2&2&-2\\-1&t&5\\1&0&-3\end{pmatrix}$，已知 $R(\boldsymbol{A})=2$，求 t.

3. 设 $\boldsymbol{A}=\begin{pmatrix}1&2&0\\3&4&0\\-1&2&1\end{pmatrix}$，$\boldsymbol{B}=\begin{pmatrix}2&3&-1\\-2&4&0\end{pmatrix}$，求 $\boldsymbol{AB}^{\mathrm{T}}$，$|4\boldsymbol{A}|$.

4. 若三阶矩阵 $\boldsymbol{A}$ 的伴随矩阵 $\boldsymbol{A}^*$，且已知 $|\boldsymbol{A}|=\frac{1}{2}$，求 $|(3\boldsymbol{A})^{-1}-2\boldsymbol{A}^*|$.

5. 计算行列式 $D_n=\begin{vmatrix} 1+a_1 & a_1 & \cdots & a_1 \\ a_1 & 1+a_1 & \cdots & a_1 \\ \vdots & \vdots & & \vdots \\ a_1 & a_1 & \cdots & 1+a_1 \end{vmatrix}$ 的值.

四、应用题（共 20 分）

1. 设方阵 $\boldsymbol{A},\boldsymbol{B}$ 满足 $2\boldsymbol{A}^{-1}\boldsymbol{B}=\boldsymbol{B}-4\boldsymbol{I}$，证明 $\boldsymbol{A}-2\boldsymbol{I}$ 可逆，并求其逆矩阵.

2. 判断矩阵 $\boldsymbol{A}=\begin{pmatrix}1 & -1 & 1\\ 1 & 1 & 0\\ 3 & 2 & 1\end{pmatrix}$ 是否可逆,如果可逆,求其逆矩阵 $\boldsymbol{A}^{-1}$.

期末自测题(一)

一、选择题(每题 2 分,共 20 分)

1. 设 $\boldsymbol{A},\boldsymbol{B}$ 均为 n 阶矩阵,且满足 $\boldsymbol{AB}=\boldsymbol{O}$, 则必可推出(　　).

A. $\boldsymbol{A}=\boldsymbol{O}$ 或 $\boldsymbol{B}=\boldsymbol{O}$　　B. $\det(\boldsymbol{A})=0$ 且 $\det(\boldsymbol{B})=0$

C. $\det(\boldsymbol{A})=0$ 或 $\det(\boldsymbol{B})=0$　　D. 上述结论均不正确

2. $\boldsymbol{A}$ 和 $\boldsymbol{B}$ 均为 n 阶矩阵,且 $(\boldsymbol{A}-\boldsymbol{B})^2=\boldsymbol{A}^2-2\boldsymbol{AB}+\boldsymbol{B}^2$, 则必有(　　).

A. $\boldsymbol{A}=\boldsymbol{I}$　　B. $\boldsymbol{B}=\boldsymbol{I}$

C. $\boldsymbol{A}=\boldsymbol{B}$　　D. $\boldsymbol{AB}=\boldsymbol{BA}$

3. 若阶 n 矩阵 $\boldsymbol{A}$ 的第一行的 3 倍加到第二行后得矩阵 $\boldsymbol{B}$,则不正确的是(　　).

A. $\boldsymbol{A}$ 与 $\boldsymbol{B}$ 等价　　B. $\boldsymbol{A}$ 与 $\boldsymbol{B}$ 相似

C. $\det(\boldsymbol{A})=\det(\boldsymbol{B})$　　D. $R(\boldsymbol{A})=R(\boldsymbol{B})$

4. 下列等式正确的是(　　).

A. $\begin{pmatrix} ka & b \\ kc & d \end{pmatrix}=k\begin{pmatrix} a & b \\ c & d \end{pmatrix}$　　B. $\begin{vmatrix} ka & kb \\ kc & kd \end{vmatrix}=k\begin{vmatrix} a & b \\ c & d \end{vmatrix}$

C. $\begin{pmatrix} a+c & b+d \\ c & d \end{pmatrix}=\begin{pmatrix} a & b \\ c & d \end{pmatrix}$　　D. $\begin{vmatrix} a & b \\ c & d \end{vmatrix}=\begin{vmatrix} d & c \\ b & a \end{vmatrix}$

5. 设 $\boldsymbol{A}$ 为 $m\times n$ 矩阵,且 $m<n$, 则一定有(　　).

A. $R(\boldsymbol{A})=m$　　B. $R(\boldsymbol{A})=n$

C. $m\leqslant R(\boldsymbol{A})\leqslant n$　　D. $R(\boldsymbol{A})\leqslant m$

6. 若 n 维向量组 $\boldsymbol{\alpha}_1,\boldsymbol{\alpha}_2,\cdots,\boldsymbol{\alpha}_m$ 线性相关,那么向量组内(　　)可以被其余向量线性表出.

A. 每一个向量　　B. 没有一个向量

C. 至少有一个向量　　D. 至多有一个向量

7. 设 $\boldsymbol{A}$ 是 $m\times n$ 矩阵, $\boldsymbol{Ax}=\boldsymbol{0}$ 是非齐次线性方程组 $\boldsymbol{Ax}=\boldsymbol{b}$ 所对应的导出方程组,则下列结论中正确的是(　　).

A. 若 $\boldsymbol{Ax}=\boldsymbol{0}$ 仅有零解,则 $\boldsymbol{Ax}=\boldsymbol{b}$ 有唯一解

B. 若 $\boldsymbol{Ax}=\boldsymbol{0}$ 有非零解,则 $\boldsymbol{Ax}=\boldsymbol{b}$ 有无穷多解

C. 若 $\boldsymbol{Ax}=\boldsymbol{b}$ 有无穷多解,则 $\boldsymbol{Ax}=\boldsymbol{0}$ 仅有零解

D. 若 $\boldsymbol{Ax}=\boldsymbol{b}$ 有无穷多解,则 $\boldsymbol{Ax}=\boldsymbol{0}$ 有非零解

8. n 阶方阵 $\boldsymbol{A}$ 可对角化的充分条件是(　　).

A. $\boldsymbol{A}$ 有 n 个不同的特征向量　　B. $\boldsymbol{A}$ 有 n 个线性相关的特征向量

C. $\boldsymbol{A}$ 有 n 个不同的特征值　　D. $\boldsymbol{A}$ 的不同特征值的个数小于 n

9. 矩阵(　　)是正交矩阵.

A. $\begin{pmatrix} 1 & -\frac{1}{2} & \frac{1}{3} \\ -\frac{1}{2} & 1 & \frac{1}{2} \\ \frac{1}{3} & \frac{1}{2} & 1 \end{pmatrix}$　　B. $\begin{pmatrix} \frac{1}{3} & \frac{2}{3} & \frac{2}{3} \\ \frac{2}{3} & \frac{1}{3} & -\frac{2}{3} \\ \frac{2}{3} & -\frac{2}{3} & \frac{1}{3} \end{pmatrix}$

C. $\begin{pmatrix} 2 & 0 & 0 \\ 0 & \frac{1}{\sqrt{2}} & \frac{1}{\sqrt{2}} \\ 0 & \frac{1}{\sqrt{2}} & -\frac{1}{\sqrt{2}} \end{pmatrix}$　　D. $\begin{pmatrix} 1 & 0 & 0 \\ 0 & 2 & \frac{1}{\sqrt{2}} \\ 0 & \frac{1}{\sqrt{2}} & -2 \end{pmatrix}$

10. 二次型$f(x_1,x_2,x_3)=x_2^2+x_3^2$是(　　)二次型.

A. 正定　　B. 负定

C. 不定　　D. 半正定

二、填空题(每空 2 分,共 10 分)

1. 设$\boldsymbol{A}$与$\boldsymbol{B}$都是四阶方阵,$\det(\boldsymbol{A})=-2$,$\det(\boldsymbol{B})=3$,则$\det\left(\frac{1}{2}\boldsymbol{AB}^{-1}\right)=$__________.

2. 已知方程组$\begin{pmatrix} 1 & 2 & 1 \\ 2 & 3 & a+2 \\ 1 & a & -2 \end{pmatrix}\begin{pmatrix} x_1 \\ x_2 \\ x_3 \end{pmatrix}=\begin{pmatrix} 1 \\ 3 \\ 4 \end{pmatrix}$无解,则$a=$__________.

3. 设矩阵$\boldsymbol{A}=\begin{pmatrix} 1 & b & 1 \\ b & a & 1 \\ 1 & 1 & 1 \end{pmatrix}$,$\boldsymbol{B}=\begin{pmatrix} 0 & 0 & 0 \\ 0 & 1 & 0 \\ 0 & 0 & 4 \end{pmatrix}$,且$\boldsymbol{A}$与$\boldsymbol{B}$相似,则$a=$__________,$b=$__________.

4. 向量$\boldsymbol{\alpha}=(-1,0,3,-5)$,$\boldsymbol{\beta}=(4,-2,0,1)$,其内积为__________.

三、计算题(共 62 分)

1. (10 分)设$D=\begin{vmatrix} 1 & -5 & 1 & 3 \\ 1 & 1 & 3 & 4 \\ 1 & 1 & 2 & 3 \\ 2 & 2 & 3 & 4 \end{vmatrix}$,$A_{ij}(i,j=1,2,3,4)$是$D$的代数余子式,求$A_{41}+A_{42}+A_{43}+A_{44}$.

2. (10 分)设向量组 $\boldsymbol{\alpha}_1=\begin{pmatrix}2\\1\\3\\-1\end{pmatrix},\boldsymbol{\alpha}_2=\begin{pmatrix}3\\-1\\2\\0\end{pmatrix},\boldsymbol{\alpha}_3=\begin{pmatrix}1\\3\\4\\-2\end{pmatrix},\boldsymbol{\alpha}_4=\begin{pmatrix}4\\-3\\1\\1\end{pmatrix}$, 求向量组的秩及其一个极大无关组,并求出其余向量由此极大无关组线性表出的表达式.

3. (15 分)已知方程组 $\begin{cases}\lambda x_1+x_2+x_3=\lambda-3\\x_1+\lambda x_2+x_3=-2\\x_1+x_2+\lambda x_3=-2\end{cases}$, 当 λ 取何值时,此方程组有无穷解,并求通解.

4. (12 分)设矩阵 $\boldsymbol{A}=\begin{pmatrix}3&0&1\\1&1&0\\0&1&4\end{pmatrix}$, 求矩阵 $\boldsymbol{B}$ 使其满足矩阵方程 $\boldsymbol{AB}=\boldsymbol{A}+2\boldsymbol{B}$.

5. (15 分)设三阶实对称矩阵 $\boldsymbol{A}$ 的特征值是 1,2,3,矩阵 $\boldsymbol{A}$ 对应于特征值 1,2 的特征向量分别是 $\boldsymbol{\alpha}_1=(-1,-1,1)^{\mathrm{T}}$,$\boldsymbol{\alpha}_2=(1,-2,-1)^{\mathrm{T}}$, 求矩阵 $\boldsymbol{A}$.

四、证明题(共 8 分)

若向量组 $\boldsymbol{\alpha}_1,\boldsymbol{\alpha}_2,\boldsymbol{\alpha}_3$ 线性相关,向量组 $\boldsymbol{\alpha}_2,\boldsymbol{\alpha}_3,\boldsymbol{\alpha}_4$ 线性无关. 证明: $\boldsymbol{\alpha}_4$ 不能由 $\boldsymbol{\alpha}_1,\boldsymbol{\alpha}_2,\boldsymbol{\alpha}_3$ 线性表示.

期末自测题(二)

一、单选题(每题 2 分,共 20 分)

1. 设矩阵 $\boldsymbol{A}=\begin{pmatrix}-1 & 2\\ 1 & 1\end{pmatrix}$,$\boldsymbol{B}=\begin{pmatrix}2 & -1\\ 0 & 1\end{pmatrix}$,则 $\boldsymbol{AB}=$(　　).

A. $\begin{pmatrix}4 & 2\\ -1 & 3\end{pmatrix}$　　B. $\begin{pmatrix}3 & -1\\ 0 & 2\end{pmatrix}$

C. $\begin{pmatrix}1 & 2\\ -2 & 0\end{pmatrix}$　　D. $\begin{pmatrix}-2 & 3\\ 2 & 0\end{pmatrix}$

2. 矩阵 $\boldsymbol{A}$,$\boldsymbol{B}$ 均为 n 阶方阵,则下列命题正确的是(　　).

A. 若 $|\boldsymbol{A}|=|\boldsymbol{B}|$,则必有 $\boldsymbol{A}=\boldsymbol{B}$

B. 若 $\boldsymbol{A}\neq\boldsymbol{B}$,则必有 $|\boldsymbol{A}|\neq|\boldsymbol{B}|$

C. 若 $\boldsymbol{A}\neq\boldsymbol{B}$,则必有 $|\boldsymbol{A}|=|\boldsymbol{B}|$

D. 若 $\boldsymbol{A}=\boldsymbol{B}$,则必有 $|\boldsymbol{A}|=|\boldsymbol{B}|$

3. 已知三阶行列式 $\begin{vmatrix}a_{11} & 2a_{12} & 3a_{13}\\ 2a_{21} & 4a_{21} & 6a_{23}\\ 3a_{31} & 6a_{32} & 9a_{33}\end{vmatrix}=12$,则 $\begin{vmatrix}a_{11} & a_{12} & a_{13}\\ a_{21} & a_{21} & a_{23}\\ a_{31} & a_{32} & a_{33}\end{vmatrix}=$(　　).

A. 2　　B. 1

C. $\dfrac{1}{3}$　　D. $\dfrac{1}{2}$

4. $\begin{vmatrix}k-1 & 4\\ 2 & k-3\end{vmatrix}=0$ 的充要条件是(　　).

A. $k=-1$　　B. $k=5$

C. $k=-1$ 且 $k=5$　　D. $k=-1$ 或 $k=5$

5. 设三阶矩阵 $\boldsymbol{A}=\begin{pmatrix}0 & 1 & 0\\ 0 & 0 & 1\\ 0 & 0 & 0\end{pmatrix}$,则 $\boldsymbol{A}^2$ 的秩为(　　).

A. 0　　B. 1

C. 2　　D. 3

6. 设 $\boldsymbol{A}$ 是 n 阶可逆方阵,k 是不为零的常数,则 $(k\boldsymbol{A})^{-1}=$(　　).

A. $k\boldsymbol{A}^{-1}$　　B. $\dfrac{1}{k^n}\boldsymbol{A}^{-1}$

C. $-k\boldsymbol{A}^{-1}$　　D. $\dfrac{1}{k}\boldsymbol{A}^{-1}$

7. 设向量组 $\boldsymbol{\alpha}_1,\boldsymbol{\alpha}_2,\boldsymbol{\alpha}_3,\boldsymbol{\alpha}_4$ 线性相关,则向量组中(　　).

A. 必有 2 个向量可以表为其余向量的线性组合

B. 必有 1 个向量可以表为其余向量的线性组合

C. 必有 3 个向量可以表为其余向量的线性组合

D. 每 1 个向量可以表为其余向量的线性组合

8. 向量组 $\boldsymbol{\alpha}_1=(1,0,0),\boldsymbol{\alpha}_2=(1,1,0),\boldsymbol{\alpha}_3=(1,1,1)$ 的秩为(　　).

A. 1　　　　B. 2

C. 3　　　　D. 4

9. 如果 $\boldsymbol{A}$ 的秩为 r,则(　　).

A. $r-1$ 阶子式都不为零　　　　B. r 阶子式全不为零

C. 至多有一个 r 阶子式不为零　　　　D. 至少有一个 r 阶子式不为零

10. 矩阵 $\boldsymbol{A}=\begin{pmatrix}1&1&1&1\\1&1&1&1\\1&1&1&1\\1&1&1&1\end{pmatrix}$ 的非零特征值为(　　).

A. 1　　　　B. 2

C. 3　　　　D. 4

二、填空题(每空 2 分,共 10 分)

1. 已知行列式 $|\boldsymbol{A}|=\begin{vmatrix}1&2&2&2\\2&3&1&2\\1&1&1&1\\1&0&2&2\end{vmatrix}$,$A_{21}+A_{22}+A_{23}+A_{24}=$__________.

2. 当 a ________时,$\boldsymbol{A}=\begin{pmatrix}1&3\\-1&a\end{pmatrix}$ 可逆,且 $\boldsymbol{A}^{-1}=$__________.

3. 向量组 $\boldsymbol{\alpha}_1=(1,1,1)^{\mathrm{T}},\boldsymbol{\alpha}_2=(1,2,3)^{\mathrm{T}},\boldsymbol{\alpha}_3=(1,6,3)^{\mathrm{T}}$ 线性__________(相关或无关).

4. 设向量组 $\boldsymbol{\alpha}_1=(a,0,c)^{\mathrm{T}},\boldsymbol{\alpha}_2=(b,c,0)^{\mathrm{T}},\boldsymbol{\alpha}_3=(0,a,b)^{\mathrm{T}}$ 线性无关,则数 a,b,c 满足关系式__________.

三、计算题(共 60 分).

1. 已知 $\boldsymbol{\alpha}=(5,-1,3,2,4)$,$3\boldsymbol{\alpha}-4\boldsymbol{\beta}=(3,-7,17,-2,8)$,求 $-3\boldsymbol{\alpha}+2\boldsymbol{\beta}$.

2. 已知行列式 $D=\begin{vmatrix} 1 & x & 3 \\ -1 & 2 & 0 \\ 5 & -1 & 5 \end{vmatrix}=-2$，求 x 的值.

3. 已知向量组 $\boldsymbol{\alpha}_1=(0,1,1)^{\mathrm{T}}$，$\boldsymbol{\alpha}_2=(1,0,1)^{\mathrm{T}}$，$\boldsymbol{\alpha}_3=(1,1,0)^{\mathrm{T}}$，$\boldsymbol{\beta}=(1,0,-4)^{\mathrm{T}}$，将 $\boldsymbol{\beta}$ 表示成 $\boldsymbol{\alpha}_1,\boldsymbol{\alpha}_2,\boldsymbol{\alpha}_3$ 的线性组合.

4. 设矩阵 $\boldsymbol{A}=\begin{pmatrix} 1 & 0 & 1 & 0 & 1 \\ 0 & 1 & 0 & 1 & 0 \\ 2 & 1 & 0 & 2 & 1 \\ 0 & 2 & 0 & 2 & 0 \end{pmatrix}$，求 $R(\boldsymbol{A})$.

5. 设方程组$\begin{pmatrix} a & 1 & 1 \\ 1 & a & 1 \\ 1 & 1 & a \end{pmatrix}\begin{pmatrix} x_1 \\ x_2 \\ x_3 \end{pmatrix} = \begin{pmatrix} 1 \\ 1 \\ -2 \end{pmatrix}$有无穷多解,则 a 为多少?

6. 设三阶方阵 $\boldsymbol{A}$ 的特征值 $\lambda_1 = \lambda_2 = 1, \lambda_3 = 3$, 对应的特征向量为 $\boldsymbol{\alpha}_1 = \begin{pmatrix} -1 \\ 0 \\ 1 \end{pmatrix}, \boldsymbol{\alpha}_2 = \begin{pmatrix} 2 \\ 1 \\ 0 \end{pmatrix}$,

$\boldsymbol{\alpha}_3 = \begin{pmatrix} 0 \\ 1 \\ 1 \end{pmatrix}$, 求 $\boldsymbol{A}$.

四、应用题(共 10 分)

设 $\boldsymbol{\alpha}_1 = (1, 2, -1)^{\mathrm{T}}, \boldsymbol{\alpha}_2 = (2, 4, \lambda)^{\mathrm{T}}, \boldsymbol{\alpha}_3 = (1, \lambda, 1)^{\mathrm{T}}$. λ 取何值时, $\boldsymbol{\alpha}_1, \boldsymbol{\alpha}_2, \boldsymbol{\alpha}_3$ 线性相关? λ 取何值时, $\boldsymbol{\alpha}_1, \boldsymbol{\alpha}_2, \boldsymbol{\alpha}_3$ 线性无关?

期末自测题(三)

一、单选题(每题2分,共20分)

1. 设$\boldsymbol{A},\boldsymbol{B},\boldsymbol{C},\boldsymbol{X}$都是$n$阶方阵,且$\boldsymbol{A},\boldsymbol{B}$可逆,$\boldsymbol{AXB}=\boldsymbol{C}$,则$\boldsymbol{X}=$(　　).

A. $\boldsymbol{C}\boldsymbol{A}^{-1}\boldsymbol{B}^{-1}$　　B. $\boldsymbol{B}^{-1}\boldsymbol{A}^{-1}\boldsymbol{C}$

C. $\boldsymbol{C}\boldsymbol{B}^{-1}\boldsymbol{A}^{-1}$　　D. $\boldsymbol{A}^{-1}\boldsymbol{C}\boldsymbol{B}^{-1}$

2. 设$\boldsymbol{A},\boldsymbol{B}$均为$n$阶可逆矩阵,则下列等式成立的是(　　).

A. $(\boldsymbol{A}+\boldsymbol{B})^{-1}=\boldsymbol{A}^{-1}+\boldsymbol{B}^{-1}$　　B. $(\boldsymbol{AB})^{-1}=\boldsymbol{A}^{-1}\boldsymbol{B}^{-1}$

C. $|\boldsymbol{AB}|=|\boldsymbol{BA}|$　　D. $\boldsymbol{AB}=\boldsymbol{BA}$

3. 行列式$\begin{vmatrix} 0 & 1 & -1 & 1 \\ -1 & 0 & 1 & -1 \\ 1 & -1 & 0 & 1 \\ -1 & 1 & -1 & 0 \end{vmatrix}$中,元素$a_{21}$的代数余子式$A_{21}=$(　　).

A. -1　　B. 1

C. -2　　D. 2

4. 设行列式$\begin{vmatrix} a_{11} & a_{12} \\ a_{21} & a_{22} \end{vmatrix}=m$,$\begin{vmatrix} a_{13} & a_{11} \\ a_{23} & a_{21} \end{vmatrix}=n$,则行列式$\begin{vmatrix} a_{11} & a_{12}+a_{13} \\ a_{21} & a_{22}+a_{23} \end{vmatrix}=$(　　).

A. $m+n$　　B. $-(m+n)$

C. $n-m$　　D. $m-n$

5. 设向量组$\boldsymbol{\alpha}_1,\boldsymbol{\alpha}_2,\boldsymbol{\alpha}_3,\boldsymbol{\alpha}_4$,若已知$\boldsymbol{\alpha}_4$可以表为$\boldsymbol{\alpha}_1,\boldsymbol{\alpha}_2,\boldsymbol{\alpha}_3$的线性组合,且表示法唯一,则向量组的秩为(　　).

A. 1　　B. 2

C. 3　　D. 4

6. 设$\boldsymbol{A}$为二阶矩阵,若$|3\boldsymbol{A}|=3$,则$|2\boldsymbol{A}|=$(　　).

A. $\dfrac{1}{2}$　　B. 1

C. 2　　D. $\dfrac{4}{3}$

7. 已知二阶矩阵$\boldsymbol{A}=\begin{pmatrix} a & b \\ c & d \end{pmatrix}$的行列式$|\boldsymbol{A}|=-1$,则$(\boldsymbol{A}^*)^{-1}=$(　　).

A. $\begin{pmatrix} -a & -b \\ -c & -d \end{pmatrix}$　　B. $\begin{pmatrix} d & -b \\ -c & a \end{pmatrix}$

C. $\begin{pmatrix} -d & b \\ c & -a \end{pmatrix}$　　D. $\begin{pmatrix} a & b \\ c & d \end{pmatrix}$

8. 设 $\boldsymbol{\alpha}_1,\boldsymbol{\alpha}_2,\boldsymbol{\alpha}_3,\boldsymbol{\alpha}_4$ 是三维实向量,则(　　).

A. $\boldsymbol{\alpha}_1,\boldsymbol{\alpha}_2,\boldsymbol{\alpha}_3,\boldsymbol{\alpha}_4$ 一定线性无关

B. $\boldsymbol{\alpha}_1$ 一定可由 $\boldsymbol{\alpha}_1,\boldsymbol{\alpha}_2,\boldsymbol{\alpha}_3,\boldsymbol{\alpha}_4$ 线性表出

C. $\boldsymbol{\alpha}_1,\boldsymbol{\alpha}_2,\boldsymbol{\alpha}_3,\boldsymbol{\alpha}_4$ 一定线性相关

D. $\boldsymbol{\alpha}_1,\boldsymbol{\alpha}_2,\boldsymbol{\alpha}_3$ 一定线性无关

9. 设 $\lambda=2$ 是可逆矩阵 $\boldsymbol{A}$ 的一个特征值,则矩阵 $\left(\frac{1}{3}\boldsymbol{A}^2\right)^{-1}$ 有一个特征值等于(　　).

A. $\frac{4}{3}$　　B. $\frac{3}{4}$

C. $\frac{1}{2}$　　D. $\frac{1}{4}$

10. 设 $\boldsymbol{\alpha}_1=(1,0,0)^{\mathrm{T}},\boldsymbol{\alpha}_2=(0,0,1)^{\mathrm{T}}$, 则 $\boldsymbol{\beta}=($　　$)$时,$\boldsymbol{\beta}$ 可由 $\boldsymbol{\alpha}_1,\boldsymbol{\alpha}_2$ 线性表示.

A. $(2,1,0)^{\mathrm{T}}$　　B. $(-3,0,4)^{\mathrm{T}}$

C. $(1,1,0)^{\mathrm{T}}$　　D. $(0,-1,0)^{\mathrm{T}}$

二、填空题(每空 2 分,共 10 分)

1. 设 $\boldsymbol{A}$ 是三阶方阵,且 $|\boldsymbol{A}|=3$, 则 $|(2\boldsymbol{A})^2|=$__________, $|\boldsymbol{A}^{-1}|=$__________.

2. 设三阶矩阵 $\boldsymbol{A}=\begin{pmatrix}1&0&1\\0&2&0\\3&3&3\end{pmatrix}$, 则 $R(\boldsymbol{A})=$__________.

3. 设向量组 $\boldsymbol{\alpha}_1=(a,1,1),\boldsymbol{\alpha}_2=(1,-2,1),\boldsymbol{\alpha}_3=(1,1,-2)$ 线性相关,则数 $a=$__________.

4. 设矩阵 $\boldsymbol{A}=\begin{pmatrix}1&0&0\\2&2&0\\3&3&3\end{pmatrix}$, 则 $\left(\frac{1}{2}\boldsymbol{A}\right)^{-1}=$__________.

三、计算题(共 60 分)

1. 求向量组 $\boldsymbol{\alpha}_1=(2,4,2),\boldsymbol{\alpha}_2=(1,1,0),\boldsymbol{\alpha}_3=(2,3,1),\boldsymbol{\alpha}_4=(3,5,2)$ 的秩和一个极大无关组.

2. 已知 $\boldsymbol{AX}+\boldsymbol{B}=\boldsymbol{X}$, 其中 $\boldsymbol{A}=\begin{pmatrix}-1 & 1\\ 1 & 0\end{pmatrix}$, $\boldsymbol{B}=\begin{pmatrix}-1 & 1\\ 0 & 2\end{pmatrix}$, 求 $\boldsymbol{X}$.

3. 计算行列式 $D=\begin{vmatrix}1 & 2 & -1 & 2\\ 3 & 0 & 1 & 5\\ 1 & -2 & 0 & 3\\ -2 & -4 & 1 & 6\end{vmatrix}$ 的值.

4. 当 λ 为何值时, $\boldsymbol{A}=\begin{pmatrix}1 & 2 & 3 & 4\\ -1 & -1 & -5 & -4\\ 0 & 2 & -4 & \lambda\end{pmatrix}$ 的秩最小.

5. 求方程组 $\begin{cases} x_1 - x_2 + x_3 - x_4 = 1 \\ 3x_1 - 3x_2 - x_3 + x_4 = 1 \\ 2x_1 - 3x_2 - x_3 = -1 \end{cases}$ 的通解.

6. 设 $\boldsymbol{A}$ 为三阶方阵,有 3 个特征值 $\lambda_1 = 0, \lambda_2 = 4, \lambda_3 = 3$;$\boldsymbol{B} = \boldsymbol{A}^2 - 4\boldsymbol{A} + 8\boldsymbol{I}$,求 $|\boldsymbol{B}|$.

四、应用题(共 10 分)

设向量组 $\boldsymbol{\alpha}_1, \boldsymbol{\alpha}_2, \boldsymbol{\alpha}_3$ 线性无关,验证向量组 $\boldsymbol{\beta}_1 = \boldsymbol{\alpha}_1 + 2\boldsymbol{\alpha}_2 - 3\boldsymbol{\alpha}_3, \boldsymbol{\beta}_2 = 3\boldsymbol{\alpha}_1 - \boldsymbol{\alpha}_2 + 4\boldsymbol{\alpha}_3, \boldsymbol{\beta}_3 = \boldsymbol{\alpha}_2 + \boldsymbol{\alpha}_3$ 是否线性相关.

期末自测题(四)

一、选择题(每题 2 分,共 20 分)

1. 由 $\begin{pmatrix} 3 & 6 & 0 & 2 \\ 5 & 4 & 1 & 8 \\ 0 & 6 & -2 & 1 \\ 1 & 3 & 0 & 2 \end{pmatrix}\begin{pmatrix} 2 & -6 & 4 \\ 9 & 1 & 9 \\ 3 & 0 & 2 \\ 6 & -1 & -7 \end{pmatrix}$ 得到的矩阵 $\boldsymbol{A}$ 中的元素 a_{23} 是(　　).

A. -2　　B. 2

C. 0　　D. -70

2. 若 $\boldsymbol{A}$ 和 $\boldsymbol{B}$ 都是 n 阶矩阵,下列正确的是(　　).

A. $(\boldsymbol{A}-\boldsymbol{B})(\boldsymbol{A}+\boldsymbol{B})=\boldsymbol{A}^2-\boldsymbol{B}^2$　　B. $\boldsymbol{A}(\boldsymbol{B}-\boldsymbol{C})=\boldsymbol{O}$,且 $\boldsymbol{A}\neq\boldsymbol{O}$ 必有 $\boldsymbol{B}=\boldsymbol{C}$

C. $(\boldsymbol{A}+\boldsymbol{B})^2=\boldsymbol{A}^2+2\boldsymbol{AB}+\boldsymbol{B}^2$　　D. $\det(\boldsymbol{AB})=\det(\boldsymbol{A})\det(\boldsymbol{B})$

3. 由 $\boldsymbol{A}_{m\times n}$ 和 $\boldsymbol{B}_{s\times t}$ 做乘积 $\boldsymbol{A}^{\mathrm{T}}\boldsymbol{B}^{\mathrm{T}}$,则必须满足(　　).

A. $m=n$　　B. $m=t$

C. $n=s$　　D. $n=t$

4. 设 n 阶矩阵 $\boldsymbol{A}$ 的行列式为 $\det(\boldsymbol{A})$,则 $k\boldsymbol{A}$(k 为非零整数)的行列式为(　　).

A. $k\det(\boldsymbol{A})$　　B. $k^n\det(\boldsymbol{A})$

C. $|k|\det(\boldsymbol{A})$　　D. $-k\det(\boldsymbol{A})$

5. 下列结论中正确的是(　　).

A. 方程个数小于未知量个数的线性方程组一定有解

B. 方程个数等于未知量个数的线性方程组一定有唯一解

C. 方程个数大于未知量个数的线性方程组一定无解

D. 以上结论都不对

6. 设矩阵 $\boldsymbol{A}_{m\times n}$ 的秩 $R(\boldsymbol{A})=m<n$,下列结论中正确的是(　　).

A. $\boldsymbol{A}$ 的任意 m 个列向量必线性无关　　B. $\boldsymbol{A}$ 的任意一个 m 阶子式不等于零

C. 齐次线性方程组 $\boldsymbol{Ax}=\boldsymbol{0}$ 只有零解　　D. 非齐次线性方程组 $\boldsymbol{Ax}=\boldsymbol{b}$ 必有无穷解

7. 已知 $\boldsymbol{\eta}_1,\boldsymbol{\eta}_2,\boldsymbol{\eta}_3$ 是四元方程组 $\boldsymbol{Ax}=\boldsymbol{b}$ 的 3 个解,其中 $R(\boldsymbol{A})=3$,$\boldsymbol{\eta}_1=\begin{pmatrix}1\\2\\3\\4\end{pmatrix}$,$\boldsymbol{\eta}_2+\boldsymbol{\eta}_3=\begin{pmatrix}4\\4\\4\\4\end{pmatrix}$,则下列不是方程组 $\boldsymbol{Ax}=\boldsymbol{b}$ 的通解为(　　).

A. $k\begin{pmatrix}2\\0\\-2\\-4\end{pmatrix}+\begin{pmatrix}1\\2\\3\\4\end{pmatrix}$

B. $k\begin{pmatrix}1\\0\\-1\\-2\end{pmatrix}+\begin{pmatrix}1\\2\\3\\4\end{pmatrix}$

C. $k\begin{pmatrix}1\\0\\-1\\-2\end{pmatrix}+\begin{pmatrix}2\\2\\2\\2\end{pmatrix}$

D. $k\begin{pmatrix}3\\2\\1\\0\end{pmatrix}+\begin{pmatrix}1\\2\\3\\4\end{pmatrix}$

8. 若 n 阶矩阵 $\boldsymbol{A},\boldsymbol{B}$ 有共同的特征值,且各有 n 个线性无关的特征向量,则(　　).

A. $\boldsymbol{A}$ 与 $\boldsymbol{B}$ 相似

B. $\boldsymbol{A}\neq\boldsymbol{B}$, 但 $\det(\boldsymbol{A}-\boldsymbol{B})=0$

C. $\boldsymbol{A}=\boldsymbol{B}$

D. $\boldsymbol{A}$ 与 $\boldsymbol{B}$ 不一定相似,但 $\det(\boldsymbol{A})=\det(\boldsymbol{B})$

9. 下列矩阵中不能相似对角化的是(　　).

A. $\begin{pmatrix}1&2&0\\2&0&3\\0&3&0\end{pmatrix}$

B. $\begin{pmatrix}0&0&0\\0&0&0\\1&2&3\end{pmatrix}$

C. $\begin{pmatrix}0&0&0\\0&1&0\\0&2&3\end{pmatrix}$

D. $\begin{pmatrix}0&0&0\\1&0&0\\0&2&3\end{pmatrix}$

10. 任何一个 n 阶满秩矩阵必定与 n 阶单位矩阵(　　).

A. 合同

B. 相似

C. 等价

D. 以上都不对

二、填空题(每空 2 分,共 10 分)

1. 若四阶矩阵 $\boldsymbol{A}$ 的行列式 $|\boldsymbol{A}|=-5$, $\boldsymbol{A}^*$ 是 $\boldsymbol{A}$ 的伴随矩阵,则 $|\boldsymbol{A}^*|=$ ________.

2. $\boldsymbol{A}$ 为 $n\times n$ 阶矩阵,且 $\boldsymbol{A}^2-\boldsymbol{A}-2\boldsymbol{I}=\boldsymbol{O}$, 则 $(\boldsymbol{A}+2\boldsymbol{I})^{-1}=$ ________.

3. 设矩阵 $\boldsymbol{A}=\begin{pmatrix}\frac{2}{3}&\frac{1}{\sqrt{2}}&\frac{1}{\sqrt{18}}\\a&b&\frac{-4}{\sqrt{18}}\\\frac{2}{3}&\frac{-1}{\sqrt{2}}&\frac{1}{\sqrt{18}}\end{pmatrix}$ 为正交矩阵,则 $a=$ ________, $b=$ ________.

4. 若二次型 $f(x_1,x_2,x_3)=2x_1^2+3x_2^2+tx_3^2+2x_1x_2+2x_1x_3$ 是正定的,则 t 的取值范围是 ________.

三、计算题(共 62 分)

1. (8 分)计算行列式 $\begin{vmatrix} 0 & 3 & 4 & 5 \\ -3 & 4 & 1 & 0 \\ 0 & 2 & 2 & -2 \\ 6 & -2 & 7 & 2 \end{vmatrix}$ 的值.

2. (12 分)已知矩阵 $\boldsymbol{A}=\begin{pmatrix} 2 & 1 \\ 3 & 2 \end{pmatrix}$,$\boldsymbol{B}=\begin{pmatrix} 1 & -4 & -3 \\ 1 & -5 & -3 \\ -1 & 6 & 4 \end{pmatrix}$,$\boldsymbol{C}=\begin{pmatrix} 1 & 2 & 3 \\ 1 & 0 & 1 \end{pmatrix}$, 求解矩阵方程 $\boldsymbol{AXB}=\boldsymbol{C}$.

3. (10 分)设向量组 $\boldsymbol{\alpha}_1=\begin{pmatrix} 1 \\ 3 \\ 5 \\ -1 \end{pmatrix}$,$\boldsymbol{\alpha}_2=\begin{pmatrix} 2 \\ -1 \\ -3 \\ 4 \end{pmatrix}$,$\boldsymbol{\alpha}_3=\begin{pmatrix} 5 \\ 1 \\ -1 \\ 7 \end{pmatrix}$,$\boldsymbol{\alpha}_4=\begin{pmatrix} 7 \\ 7 \\ 9 \\ 1 \end{pmatrix}$, 求向量组的秩及其一个最大无关组,并求出其余向量由此最大无关组线性表示的表达式.

4. (15 分) λ 取何值时,线性方程组 $\begin{cases} \lambda x_1 + x_2 + x_3 = 1 \\ x_1 + \lambda x_2 + x_3 = 1 \\ x_1 + x_2 + \lambda x_3 = 1 \end{cases}$ 有无穷多解,并求其通解.

5. (17 分) 设二次型 $f(x_1, x_2, x_3) = 5x_1^2 + 5x_2^2 + ax_3^2 - 2x_1x_2 + 6x_1x_3 - 6x_2x_3$ 的秩为 2.

(1) 求参数 a 以及此二次型对应矩阵的特征值;

(2) $f(x_1, x_2, x_3) = 1$ 表示何种曲面.

四、证明题(共 8 分)

已知 $\boldsymbol{\alpha}_1, \boldsymbol{\alpha}_2, \boldsymbol{\alpha}_3$ 线性无关,证明 $2\boldsymbol{\alpha}_1 + 3\boldsymbol{\alpha}_2, \boldsymbol{\alpha}_2 - \boldsymbol{\alpha}_3, \boldsymbol{\alpha}_1 + \boldsymbol{\alpha}_2 + \boldsymbol{\alpha}_3$ 线性无关.